Ócio valioso para envelhecer bem

Ócio valioso para envelhecer bem

Manuel Cuenca Cabeza

Tradução: Francisco José M. Couto

edições Sesc

Título original: *Ocio valioso para un envejecimiento activo y satisfactorio*

Tradução Francisco José M. Couto
Preparação Leandro Rodrigues
Revisão Fátima Couto
Capa, projeto gráfico e diagramação Erika Tani Azuma e Rodrigo Disperati | Collecta Estúdio

Dados Internacionais de Catalogração na Publicação (CIP)

C8942o Cuenca Cabeza, Manuel
Ócio valioso para envelhecer bem / Manuel Cuenca Cabeza; Tradução de Francisco José M. Couto. – São Paulo: Edições Sesc São Paulo, 2018. –
144 p.
ISBN 978-85-9493-133-7
1. Teoria do Ócio. 2. Tipologias. 3. Envelhecimento. I. Título. II. Couto, Francisco José M.

CDD 306.4812

Edições Sesc São Paulo
Rua Cantagalo, 74 – 13°/14° andar
03319-000 – São Paulo SP Brasil
Tel. 55 11 2227-6500
edicoes@edicoes.sescsp.org.br
sescsp.org.br/edicoes
/edicoessescsp

Nota à edição brasileira

O Brasil tem assistido a um *boom* de idosos: estimativas do IBGE informam que a participação da faixa etária acima dos 60 anos na população brasileira deve triplicar entre 2010 e 2050, passando de 10% para 29,4% do total (*Brasil: uma visão geográfica e ambiental no início do século XXI*, 2016[1]). A visão do ócio também está mudando: de perigoso concorrente à atividade laboral, sinônimo de preguiça e indolência, passou a constituir um valor importante em si mesmo, tanto quanto o trabalho.

O pesquisador espanhol Manuel Cuenca Cabeza, do Instituto de Estudos de Ócio, fundamenta sua análise nos conceitos de envelhecimento ativo, que diz respeito à saúde física, mental e social, e de envelhecimento satisfatório, associado à satisfação da pessoa ao realizar coisas em sintonia com suas necessidades e capacidades.

Para responder às transformações no perfil demográfico das sociedades contemporâneas, o ócio é peça-chave. Os estudos sobre ócio permitem reconhecer a importância das experiências satisfatórias e apresentam valores positivos para as pessoas e as comunidades. O ócio valioso possui uma intenção e é capaz de dar sentido a nossas ocupações diárias – daí sua capacidade de qualificar a fase final da vida.

1 Disponível em https://biblioteca.ibge.gov.br/index.php/biblioteca-catalogo?id=297884&-view=detalhes. Acesso em: 16 jul. 2018.

O Sesc São Paulo tem dedicado cada vez mais espaço para o atendimento ao idoso em seus centros culturais, criando também oportunidades para a reflexão sobre o envelhecimento. Exemplo disso é a realização do XV Congresso Mundial do Lazer, organizado pela instituição em parceria com a Organização Mundial do Lazer. É nesse contexto que as Edições Sesc publicam este *Ócio valioso para envelhecer bem*.

Nota de tradução

A palavra espanhola *ocio* serve para dois conceitos em português: ócio e lazer. É por isso que, em espanhol, o Congresso Mundial de Lazer chama-se Congreso Mundial de Ocio. Outras publicações das Edições Sesc têm "lazer" no título, ao contrário deste livro e de *Ócio estético valioso*, ambos oriundos das pesquisas do Instituto de Estudos de Ócio da Universidade de Deusto, em que conceitos como "ócio valioso" e "ócio estético" são centrais. Daí a manutenção do termo "ócio" nessas traduções.

Ao longo do texto, optou-se pelo termo "lazer" onde ele representava a transposição mais adequada – por exemplo, em "atividades de lazer" ou "práticas de lazer ". A esse respeito, ver também a nota de rodapé 73, à página 72.

Para Manuel, Lucía,
Javier, Cosme e Eloy.

Sumário

Prólogo

Faz mais de trinta anos que me dedico a estudar o tema do ócio. Comecei escrevendo um livrinho chamado *Educación de ocio* [Educação do ócio][2], e continuei a me aprofundar no ócio de uma perspectiva interdisciplinar e orientada para o desenvolvimento humano. Essa era uma área de conhecimento até então muito pouco explorada na Espanha. Sinto-me feliz com o fato de a Universidade de Deusto, onde estudei e na qual sou professor, me apoiar na fundação e no desenvolvimento do Instituto Interdisciplinar de Estudos de Ócio. Esse centro ocupou a parte mais importante de minha vida laboral e me permitiu realizar inúmeros projetos de caráter acadêmico, investigativo e de intervenção comunitária. Muitos desses projetos tiveram e continuam tendo alcance internacional, o que tem me proporcionado grandes satisfações.

A maior parte de meus livros sobre ócio, mais dc trinta, apareceu nas diferentes coleções do Departamento de Publicações da Universidade de Deusto. Agora, no momento da aposentadoria, imponho-me o compromisso de oferecer meu conhecimento e minha experiência a um público diferente do universitário. Penso que o que estudei e aprendi nesses anos pode ajudar muitas pessoas que chegaram à aposentadoria ou estão pensando nela como o período da vida em que será possível realizar o que sempre desejaram e

[2] Cuenca Cabeza, 1984.

não puderam fazer por falta de tempo. Este livro se destina a todas essas pessoas e a quem se ocupa delas ou se interessa pelo tema dos idosos.

O envelhecimento é uma fase ampla da vida, caracterizada por importantes diferenças entre tantos tipos de pessoas, com trajetórias muito diversas. É verdade que qualquer pessoa, independentemente de quem seja, deseja envelhecer bem. É precisamente disso que trataremos aqui. A diversidade nos modos de envelhecer é um estímulo para importantes linhas de investigação que buscam esclarecer as variáveis associadas ao envelhecimento bem-sucedido. Mais genericamente, sabemos que grande parte desses estudos assinala a necessidade de um estilo de vida ativo, tanto no nível mental como no físico e social. É o melhor modo de se manter e de prevenir a perda cognitiva e a demência.

Ainda resta muito a descobrir sobre esse tema; mas é de domínio público que já temos conhecimento suficiente para auxiliar o envelhecimento satisfatório desejado. Recordemos o caso da dieta mediterrânea, da atividade física frequente, do aumento do nível educativo ou do cultivo de nossa capacidade de aprendizagem. Ainda assim, poucos conhecem o papel que o ócio pode desempenhar no bom envelhecimento, embora isso seja sabido há anos. Na verdade, ainda que vivamos em uma civilização que tem o ócio como uma de suas características distintivas, em nosso substrato cultural perdura a ideia de que ele não é algo bom ou de que, em qualquer caso, só serve para nos ajudar a descansar ou a nos divertir.

As páginas seguintes tentam mostrar que isso não é correto; o ócio tem um grande potencial de motivação, que nos facilita experiências gratificantes, abertas ao desenvolvimento pessoal e social. Por isso, este livro não fala do ócio em geral, mas do ócio valioso, do ócio que pode nos ajudar a conseguir o envelhecimento satisfatório que desejamos – um ócio com função muito concreta e específica, complementar ao que sabemos sobre saúde, alimentação, boa forma etc. O ócio valioso ajuda a viver e a envelhecer melhor. Isso é o que mostrarei, do modo mais simples e direto possível, nas páginas a seguir. Cada capítulo aborda um aspecto concreto e complementar de um mesmo objetivo: refletir sobre a influência do ócio valioso no bom envelhecimento.

Tudo o que se conta a seguir está respaldado pela experiência, pelas investigações mais importantes que realizei ao longo da minha trajetória profissional e por outras pesquisas com que tive contato nos últimos anos. Isso se faz notar minimamente nas referências bibliográficas, detalhadas no fim do livro.

Mais um parágrafo. Quando eu estava terminando de revisar as páginas deste livro, chegou-me às mãos a obra de Junko Takahashi, *O método japonês para viver 100 anos*[3], em que a autora se aprofunda nas razões que tornam possível a um crescente número de japoneses superar dez décadas de vida. Takahashi mostra que uma dessas razões é o cultivo de suas atividades preferidas, porque, segundo afirma, isso é algo que deu a muitos centenários "um sentido para continuar a viver". A autora afirma que é muito importante que cada pessoa faça aquilo de que realmente goste e satisfaça suas expectativas. Pessoalmente devo dizer que me alegra muito ler essas afirmações, porque confirmam a mensagem que, a partir de outros projetos científicos, este livro traz. Mas, como ocorre sempre, o melhor é que cada um a descubra livremente. Espero poder ajudar nessa tarefa.

Manuel Cuenca Cabeza

[3] Takahashi, 2017.

1. Preconceitos e estereótipos

O tema que abordaremos aqui foi o horizonte de meu desenvolvimento acadêmico e de pesquisa. Tive muita sorte de poder exercer uma profissão que me agradava, o que fez grande parte de minha vida estar focada no trabalho, o que acontece com muitas pessoas. Não me admira que a proximidade da aposentadoria tire o seu sono. O certo é que, ainda que seja assim, nem sempre nos fazemos perguntas como: "O que vamos fazer quando deixarmos de trabalhar?" Uma pergunta que todas as pessoas que vão se aposentar devem se fazer, tenham gostado ou não do seu trabalho.

A aposentadoria como mudança

Aqueles que passam de uma atividade produtiva para a aposentadoria vivem uma mudança existencial de grande importância. Por isso, a resposta a tal pergunta pode ser muito diferente de uma pessoa para outra. Lembro-me dos resultados de um estudo que li faz alguns anos, no qual se afirmava que, para cerca de 40% das pessoas que se aposentam, a nova situação se transforma em um problema vital[4]. Numa das investigações realizadas no Instituto de Estudos de Ócio, perguntou-se a um grupo de pessoas idosas de uma residência de Bilbao se voltariam a trabalhar; 41% disseram que sim. Essa resposta nos fez pensar na falta de adaptação à aposentadoria,

[4] Opoaschowski, 1988.

junto com um conceito negativo do ócio, que foi identificado por 48% dos entrevistados como atividades para "matar o tempo"[5]. Outro dia escutei um homem que estávamos entrevistando para uma pesquisa dizer:

> O homem aos 60 anos se aposenta e, bem, agora o que eu faço... se ele vai ao parque, se aborrece... E além disso lhe tiram o vinho, lhe tiram o cigarro... E então ele se pergunta: o que estou fazendo aqui? E permanece assim, e morre, e é isso aí[6].

Não se pode afirmar que seja essa a realidade que nos espera, mas certamente é uma situação que podemos ver frequentemente em pessoas de nosso meio. Por isso, as reflexões que iniciamos aqui levam exatamente ao contrário, à revelação de caminhos que deem sentido e expectativas aos muitos dias que, espero, possamos desfrutar durante o período de vida que se inicia com a aposentadoria.

Os estereótipos negativos

Penso que devemos começar a lutar contra os estereótipos negativos que nos rodeiam. O estereótipo é uma imagem simplificada da realidade, que acaba gerando preconceitos relacionados a pessoas ou grupos de pessoas que compartilham certas características. Muitos deles se relacionam com o envelhecimento e o ócio. No caso dos que têm mais de 65 anos, os estereótipos se referem à paulatina perda das faculdades, à identificação entre envelhecimento e enfermidades ou, em todos os casos, à deterioração física e mental[7]. Quando não é isso, pensa-se que o aumento dos anos nos impede ou dificulta que tenhamos interesses pessoais e vontade de viver – algo que acho mais nefasto. É preciso lutar contra os estereótipos, e, se algum permanecer entre nós, que pelo menos seja positivo.

Não sou o primeiro a alertar contra os estereótipos negativos; numerosos autores e instituições já o fizeram. A Organização Mundial da Saúde chama a atenção sobre isso ao tratar do marco político do envelhecimento ativo e acrescenta que, ao contrário do que se diz:

---

[5] Santisteban, 1992, pp. 91-3.

[6] Aitor (entrevistado) *apud* Santisteban, 1992, pp. 91-3.

[7] Sánchez, Trianes e Blanca, 2009.

> Nunca antes vimos um grupo de pessoas que, ao chegar aos 65 anos, estivessem tão bem informadas, com esse nível de bem-estar, com tão boa saúde e com uma história de ativismo tão forte. Com um legado como esse, é inimaginável que esta geração experimente a velhice do mesmo modo que as anteriores[8].

E tem razão, os resultados de inúmeras pesquisas[9] mostram a falsidade dos estereótipos negativos como afirmação genérica. A maioria do que nos acontece não se relaciona com nossa idade e sim com nossas capacidades e nosso modo de encarar a vida. Vê-se que Aitor, entrevistado sobre o qual comentei acima, tem una visão estereotipada, muito negativa, do envelhecimento; mas a realidade pode ser bem diferente. De fato, constata-se que se produziu um rejuvenescimento generalizado, que também afeta o mundo dos idosos. Um rejuvenescimento que tem a ver com o desenvolvimento de nossas potencialidades e a busca dos pequenos sentidos da vida, para os quais o ócio valioso pode contribuir, como vamos ver ao longo destas reflexões.

No momento, nosso primeiro desafio deve ser rejeitar estereótipos, cuidar da saúde física e mental, e saber desfrutar do novo período da vida. Precisaremos pôr em prática nossos conhecimentos e potencialidades para crescer em sabedoria e experiência. E para tudo isso deve colaborar, como veremos, o exercício de um ócio valioso.

Questões para debater

1. Você acredita que é habitual as pessoas prestes a se aposentar planejarem cuidadosamente o que querem fazer quando deixarem de trabalhar?
2. Considera que o envelhecimento está relacionado especialmente com doença e deterioração?
3. Concorda com quem diz que a idade nos impede ou diminui nossa vontade de viver?
4. Crê que experimentamos o envelhecimento do mesmo modo que nossos pais e avós?
5. Acha que quase tudo o que nos acontece tem a ver com a idade?

[8] Organização Mundial da Saúde, 2002.

[9] Conselho da União Europeia, 2009 e 2012.

2. Os preconceitos em relação ao ócio

No capítulo anterior abordamos os preconceitos da velhice e do en-velhecimento; agora vamos refletir sobre um preconceito do qual dificilmente somo conscientes: refiro-me ao modo de entender o ócio.

Quando pensamos no muito que tivemos que superar ao longo de nossa vida, nos damos conta de que não foi um mar de rosas. Bem ao contrário. A maior parte de nós teve que trabalhar duro para poder chegar aonde estamos. Porém, para a maioria das pessoas da minha geração, o trabalho não foi só uma maneira de ganhar a vida; foi muito mais. Nossos pais nos ensinaram que trabalhar era um dos valores mais importantes que podíamos ter, que dava sentido a nossa existência.

A cultura do trabalho

A cultura orientada para o trabalho na qual fomos educados considerava que o ócio carecia de valor. Há anos quase todos nós pensávamos que o ócio era algo que devíamos rejeitar. O ócio de nossa juventude era mais a negação do trabalho, ou também um tempo em que podíamos nos dedicar a nossas "distrações". Dificilmente os entretenimentos banais tinham lugar em nossa vida. As datas festivas e as férias eram os únicos momentos em que podíamos quebrar a rotina e, muitas vezes, eram um tempo que aproveitávamos para colocar as coisas em dia, para terminar os inúmeros trabalhos e tarefas que não tínhamos podido fazer durante o calendário laboral. E isso não era só uma questão ocasional, mas algo bem constante.

Essa preponderância do valor do trabalho foi nos impedindo de dar ao ócio o espaço que devia ter em nossa vida. Na tradição em que fomos educados, o ócio era o grande inimigo contra o qual se devia lutar. Para nossos pais, era sinônimo de vagabundagem e comportamento vicioso. E o pior que podia acontecer em uma família era que um filho fosse um vagabundo ou depravado. Então, falamos de um valor que tínhamos interiorizado com mais força do que imaginávamos.

Logo vieram as mudanças

As mudanças que vieram depois não foram pequenas. Jovens, começamos a apreciar a música moderna, as festas, os banhos de mar ou de piscina e o desfrute irrecusável de uns dias de férias. Tudo isso chamava a atenção de nossos pais e, certamente, era um modo de viver muito diferente daquele da geração que nos precedeu. Ainda assim, era muito frequente que justificássemos essa nova maneira de viver dizendo que necessitávamos de um descanso, que após um trabalho duro tínhamos o direito de desfrutar. Na realidade, se formos ver, o que estávamos afirmando era, por um lado, que o ócio não tinha razão de ser sem o trabalho, e, por outro, que o sentido desse ócio se encontrava na necessidade de descanso, no prêmio recebido pelo esforço contínuo.

Muita gente idosa continua pensando desse modo. Eu também pensava assim até poucos anos atrás. Mas a questão é que esses argumentos não nos servem de nada no período de vida que segue a aposentadoria. De fato, ao prescindir do trabalho, transformam-se em argumentos falsos. Não se trata de negar a importância e o valor do trabalho, não é isso. O trabalho é um valor muito importante, tanto do ponto de vista pessoal como do social; mas não pode ser o único valor de nossa vida. O ócio também é um valor importante em si mesmo, quer se trabalhe, quer não.

O que é o ócio?

Para mim, ócio é eu fazer algo que me agrada, que me permite aproveitar, que estou disposto a fazer mesmo que não me paguem nada. É aquilo em que desejo investir tempo, dinheiro, esforço etc., porque me motiva, me dá vontade de viver. O verdadeiro ócio dá sentido à vida, ainda que apenas por meio de pequenas ações. Quando afirmo isso, estou assinalando que, para mim, o ócio não é só algo que me distraia, me divirta ou me faça passar algum tempo de modo mais ou menos agradável. Estou me referindo a ocupações satisfatórias que desenvolvemos em função de um objetivo. Isso nos faz ultrapassar o horizonte da ação imediata ou do ativismo, situando-nos no valioso âmbito da experiência. À margem das meras distrações, caracterizadas pela ocupação divertida do tempo, as experiências do ócio se orientam para uma meta que consideramos valiosa. E que certamente o será se for encaminhada para nossa superação como pessoas, para nos tornar melhores. Essa é a razão pela qual, no próximo capítulo, vamos nos deter com mais detalhes no ócio valioso.

Pode-se pensar que já vivenciamos experiências assim quando tivemos algum trabalho prazeroso, que nos proporcionava inúmeras satisfações. Isso é verdade para muita gente, mas não no caso da maior parte das pessoas que nos rodeiam. É certo que em algumas profissões privilegiadas as pessoas nunca se aposentam por completo, mas não devemos nos confundir: o ócio sempre se diferencia do trabalho tal como se entende na atualidade. Todos os trabalhos exigem responsabilidades, obrigações e compromissos pessoais que os diferenciam do nosso ócio. O ócio valioso pleno é aquele que nos abre a novos horizontes de nossa personalidade, e isso é algo que, em maior ou menor grau, todos os aposentados podem realizar. O que não quer dizer que seja uma tarefa simples.

Não falamos de qualquer ócio

No último parágrafo, acabo de afirmar que não estou falando do ócio em geral, nem de qualquer ócio, mas de um ócio valioso, um ócio capaz de dar sentido a nossas ocupações diárias. O ócio valioso que podemos ter antes e depois de nossa aposentadoria não pode ser simplesmente tempo livre, porque o ócio é um dom. Por isso, "matar o tempo" não pode ser, em caso algum, um objetivo de vida. Sabendo, como sabemos, o que significa um dia em nossa existência, parece claro que não podemos nos ater à ideia de ócio que nos ensinaram. Não podemos continuar pensando que viver o ócio é coisa de vagabundos e meliantes, ou acreditando que o ócio não tem sentido senão no trabalho, porque ele só se refere à distração, ao divertimento ou ao simples passatempo.

Nos capítulos seguintes, veremos o que se entende por ócio valioso e as muitas possibilidades que ele nos oferece quando se adapta a nossos desejos e possibilidades.

Questões para debater

1. Você concorda com a descrição do autor a respeito do que a geração de nossos pais e avós entendia por ócio?
2. O que é o ócio para você?
3. Continuamos justificando a necessidade de viver o ócio? De que modo?
4. Você acredita que todos os tipos de ócio são bons?
5. O que seria para você um ócio bom?

3. Falemos do ócio

Não estamos acostumados a pensar sobre o ócio, a nos perguntar como o entendemos ou como o vivemos. O normal é que aceitemos as afirmações gerais que circulam em nosso meio e, culturalmente, têm ou tiveram algum sentido. Porém, aí é que está a questão. O surpreendente é que em nossa juventude muitos de nós fazíamos uma revisão crítica de todos os valores de nossos pais. Pensávamos que era necessário renovar tudo, ou, pelo menos, a maior parte das coisas. E tínhamos razão. Porém, nunca nos ocorreu pensar que um dos temas importantes a revisar devia ser o modo de entender o ócio. Nunca é tarde.

Ócio e tempo livre

A primeira coisa que quero esclarecer é que não se deve confundir ócio com tempo livre, algo que fazemos frequentemente e, provavelmente, sem perceber. É algo habitual, a maior parte das pessoas faz isso. É uma dessas afirmações que circulam por aí e não correspondem à realidade. Pessoalmente, esse tema ficou muito claro para mim depois que li o livro de Sebastian de Grazia, *Of Time, Work, and Leisure* [Tempo, trabalho e ócio][10]. O autor comenta aí algo que me parece óbvio: podemos ter muito tempo livre e nunca ter ócio. Ao lê-lo, eu me lembrei de algumas pessoas que conheço que têm

[10] De Grazia, 1966.

pavor dos fins de semana porque, segundo dizem, "morrem de tédio". De fato, a ideia de aposentadoria do entrevistado Aitor, o exemplo que comentei no primeiro capítulo, era algo assim. Ele não entendia que os dias sem trabalho pudessem ter um sentido vital.

Ócio e atividade

Tampouco se pode dizer que esse modo de pensar seja habitual. Com frequência vemos que muitas pessoas praticam vários esportes ou se distraem lendo, vendo um bom filme ou um programa de televisão. Há quem tenha uma atividade de ócio tão intensa que aos outros parece excessiva: passear, ir ao teatro, sair em alguma excursão, para jantar ou ir a uma festa com amigos.

Penso que muitos modos de reagir ao ócio são parte de outra das confusões que circulam entre nós: associar o deleite do ócio com atividades que sempre foram consideradas próprias dele, e que, em muitos casos, acabaram sendo associadas ao consumo do ócio. Explico-me com um exemplo. É bastante comum considerarmos que ir ao teatro seja uma experiência de ócio, mas o certo é que só é assim para quem desfruta dele, não para os outros. Isso nos levaria a afirmar que qualquer atividade, das muitas que temos na vida, pode chegar ou não a ser ócio, em função da relação de desfrute e satisfação que estabelecemos com ela. De fato, não há atividades que possamos chamar de ócio em si mesmas, ainda que as possibilidades de ócio que nós, seres humanos, temos sejam praticamente infinitas.

Ócio e consumo

A identificação entre ócio e consumo, tal como nos mostram inúmeras campanhas de *marketing*, também me parece um pouco perniciosa. É certo que o dinheiro oferece a possibilidade de desfrutar de certos ócios, mas em nenhum caso é o que torna possível a existência do ócio. O importante não é comprar um livro e sim poder lê-lo, entendê-lo e desfrutá-lo. É um exemplo que ajuda a compreender a relação que se estabelece entre ócio e consumo. É por isso que as campanhas publicitárias se concentram mais na posse, no desfrute hedonista próprio dos sentidos, ou na diversão. O que menos interessa a elas é falar da satisfação, que, para mim, é precisamente uma das chaves para saber se estamos vivendo realmente um ócio valioso.

Ócio valioso

E novamente aparece aqui o ócio valioso, algo que não esclareci antes. Para mim é um termo diferente do conceito de ócio em geral. Se por ócio entendemos fazer livremente algo que nos agrada, sem pensar em sua utilidade, o ócio valioso acrescenta ao anterior uma variável de valor positivo. O ócio valioso é a afirmação de um ócio com valores benéficos para as pessoas e as comunidades[11], um ócio fundamentado no reconhecimento da importância das experiências satisfatórias e de seu potencial de desenvolvimento pessoal e social[12]. A relação entre ócio e desenvolvimento é um ponto importante, ao qual dedicaremos um dos capítulos seguintes. Mas, continuando com o tema, o adjetivo "valioso" me permite enfatizar a contribuição positiva, confirmada pelas pesquisas, da prática de determinados ócios.

Neste caso, não estou me referindo ao fato de fazer coisas sem parar; tampouco de experimentar contínuas propostas de desfrute e diversão. Ao contrário, falo de ter experiências mais profundas, que tenham um significado para nós, com a característica de uma certa continuidade. Não é a mesma coisa fazer uma atividade de ócio e ter uma experiência de ócio. No primeiro caso, é possível que consigamos preencher um tempo de modo divertido, sem que ao fim reste algo. No caso das experiências, existe uma busca do que quero fazer, um gosto por fazê-lo, uma ideia de superação e um desejo de continuar praticando aquilo em um futuro próximo.

Diferentes graus de desfrute

Gostei muito de ler pesquisadores como Bryan[13], Stebbins[14] ou Tomlinson[15]. Em seus escritos, eles nos mostram que o desfrute e a satisfação que se sentem com o ócio não são a mesma coisa. Um principiante de qualquer atividade vive sua experiência de um modo muito diferente daquele experimentado por um especialista na mesma atividade. Aqueles que apreciam muito a música clássica o fazem depois de lhe terem dedicado um tempo

[11] World Leisure and Recreation Association, 1994.

[12] Cuenca Cabeza, 2014b.

[13] Bryan, 1979.

[14] Stebbins, 1992.

[15] Tomlinson, 1993.

anterior do qual nem sempre foram conscientes, seja porque ela fazia parte do ambiente da casa, seja porque tiveram uma iniciação escolar de que já não se lembram. A satisfação e, ao mesmo tempo, a capacidade crítica que se conseguem com o passar do tempo são capacidades que desenvolvemos constantemente e com esforço. É o que acontece com a maior parte dos passatempos, seja a música clássica, seja qualquer outro interesse consolidado. Há alguns dias me alegrou saber que quase um terço das pessoas aposentadas consideram importante para sua vida o ócio que praticam. É uma boa notícia, mas por que não chega a 100%, como acontece com os jovens? Viemos de outros tempos e isso se nota, mas o certo é que vivemos no século XXI, quando as novas gerações pensam de outro modo, e os idosos devem se perguntar se eles não têm razão.

Questões para debater

1. Você concorda com a afirmação de que ócio e tempo livre são a mesma coisa? Como justifica isso?
2. Tem prazer com passatempos que muitas pessoas não considerariam atividades de ócio?
3. Você acredita que o ócio pode ser comprado? Exemplifique.
4. Uma prática de ócio pode ser mais valiosa que outra?
5. Em que medida você acha que o prazer tem relação com o esforço?

4. Envelhecimento ativo

Até agora só refletimos sobre ócio, mas não esqueçamos que também nos interessa o envelhecimento, e mais concretamente o envelhecimento ativo.

Neste capítulo iniciaremos a reflexão sobre alguns aspectos relacionados com esses temas e, mais adiante, continuaremos a nos aprofundar neles.

Preocupação com a saúde diante do envelhecimento crescente

O paulatino crescimento de uma população envelhecida é uma questão que deve receber especial atenção de governos e instituições de todo tipo, assim como a importância da saúde na hora de envelhecer. Na verdade, a saúde preocupa a todos, independentemente de sermos idosos ou não, ainda que essa preocupação aumente com a idade. A Organização Mundial da Saúde (OMS) está debruçada há anos sobre as consequências do crescente envelhecimento da população e tem promovido uma série de propostas consensuais que levam a otimizar esse período da vida. São propostas que, nos últimos anos, vêm acolhendo a denominação genérica de envelhecimento ativo.

O conceito de "envelhecimento ativo"[16] propõe uma visão positiva e holística que pretende ser uma aspiração individual, de cada pessoa, e ao mesmo tempo uma meta política das sociedades. A formulação inicial

[16] Organização Mundial da Saúde, 2002.

identificou três pilares fundamentais: saúde, participação e segurança. Mas posteriormente essa ideia se redefine de maneira mais ampla[17], agregando a aprendizagem ao longo da vida como o quarto componente promulgado na Conferência Internacional sobre o Envelhecimento Ativo, em Sevilha, em 2010[18]. O documento da OMS não se refere só à saúde física, mas se ocupa também da saúde mental e social, e da relação destas com a participação e o apoio do ambiente sociocultural. Ainda assim, a preocupação generalizada entre as pessoas idosas, as instituições e os políticos é com a saúde física. É algo que se percebe de forma imediata e que, além disso, tem uma repercussão econômica importante.

Podemos preservar a saúde?

Creio que estaríamos todos de acordo quanto ao objetivo de manter, prevenir e preservar uma saúde da maior qualidade possível. A dificuldade está em como conseguir isso. Sabemos que não é suficiente apenas ser ativo, fazer esporte ou outro tipo de atividade ininterruptamente. Todos nós somos seres integrais; isso quer dizer que nosso ser físico não é algo separado; ao contrário, é intimamente ligado às nossas vivências mentais, emocionais e contextuais. Li há pouco, no jornal local, um artigo que se intitulava "Superancianos" [Superanciãos][19]. Cita um estudo com diferentes casos concretos de pessoas de 80, 90 e até mais de 100 anos que continuam praticando vários esportes com um rendimento invejável. Na conclusão, afirmava-se que a prática esportiva pode alongar a vida em até cinco anos. Mas isso não é nada novo.

Inúmeras pesquisas sempre têm confirmado os benefícios da prática esportiva, que, realizada de modo adequado, resulta em mais do que se sentir bem no momento. Mas deve-se levar em conta que os esportistas aos quais aludia o artigo, similares aos tomados como referência em outras pesquisas associadas ao ócio positivo, eram pessoas que desfrutavam a vida fazendo esporte e tinham desenvolvido um invejável espírito de superação. Daí que convém considerar que esses aspectos, esse desfrute e essa superação, não

[17] Kalache, 2013.

[18] Rodríguez, 2010.

[19] Cuesta Cifuentes, 2017.

são menos importantes que a prática em si. É muito difícil imaginar uma prática esportiva contínua que não acabe sendo gratificante para quem a realiza.

O envelhecimento ativo e seus pilares

Em qualquer caso, é evidente que estamos diante de um tema complexo, com rápidas e notáveis mudanças nos últimos anos. Essa evolução pode ser vista em detalhes tão simples como a ampliação dos componentes fundamentais do envelhecimento ativo, também denominados pilares, a que nos referimos anteriormente. Do meu ponto de vista, é muito importante reconhecer que o exercício físico não é suficiente. A incorporação da formação contínua, como quarto pilar, é um acerto, e vamos nos deter nisso mais adiante; ainda que fosse preciso ver se essa formação se orienta para o bem-estar das pessoas ou para um utilitarismo que não é característico das idades avançadas. Sem dúvida, se nos ativermos aos indicadores do Índice do Envelhecimento Ativo, formulados pela União Europeia[20], veremos que apenas uns poucos desses indicadores se referem ao bem-estar das pessoas. Eu destacaria as referências a exercício físico, bem-estar mental, conectividade social, aprendizagem ao longo da vida e voluntariado. Quer dizer, só estou destacando cinco dos 22 indicadores existentes.

Não se consegue o envelhecimento ativo a partir de decretos, normas ou planos institucionais coletivos. Isso pode ajudar, mas a realidade é que não será assim se cada um de nós não o levar adiante. Trata-se de uma decisão e de uma ação pessoal. Sou crítico dos pronunciamentos institucionais pomposos. Isso porque eles com frequência ocultam interesses de todo tipo, principalmente econômicos. O envelhecimento saudável interessa às instituições, em grande medida, porque desejam gastar menos em estrutura sanitária e em medicamentos. É muito bom prevenir, diminuir e evitar esses gastos, mas seria melhor conseguir tudo isso priorizando o bem-estar das pessoas em vez da economia. Seguramente, as decisões seriam tomadas de modo mais adequado. Sem dúvida, não posso entender que um objetivo preferencial dos planos de envelhecimento ativo recentes seja continuar trabalhando até o final da vida. Parece-me que estão confundindo o direito a uma ocupação prazerosa e/ou solidária com a ideia de trabalhar sem parar.

20 Comissão Econômica das Nações Unidas para a Europa, 2012.

Uma contribuição positiva

Uma das contribuições positivas trazidas pelas recentes campanhas sobre o envelhecimento ativo é a mudança de mentalidade em relação à velhice. Superando a tradicional imagem negativa, as novas propostas falam de prevenção e avançam no conhecimento do que é preciso fazer para gozar de uma maior qualidade de vida. A literatura de todo tipo sobre envelhecimento ativo favorece um diálogo positivo entre a velhice e os valores, crenças, mitos e outros preconceitos que nos rodeiam desde épocas anteriores. Mas esse excesso de informação também tem seus riscos. Um deles, não o menor, é pensar que envelhecer ativamente é um caminho único, percorrido a partir de receitas de caráter geral. A realidade nos diz que não é assim, que existem tantos modos de envelhecer quanto existem pessoas, ainda que também se possa falar de grupos de pessoas com características similares, conhecidas como estilos de envelhecimento.

Outra questão que eu quero destacar é que, além dos superanciãos aos quais me referi antes, também existem idosos com incapacidades funcionais, enfermidades crônicas ou muitas outras realidades que não se adaptam em nada ao cânone que propõe o envelhecimento ativo. Muitas dessas pessoas nunca poderão levar adiante suas propostas, e isso me preocupa. Penso que qualquer um de nós pode ser uma delas. E, ainda que não seja assim, considero que se deve pensar em um objetivo mais amplo, que abranja a todos. Por isso, prefiro falar de envelhecimento satisfatório.

O esquecimento do ócio

Quando nos referimos ao envelhecimento ativo, ninguém pensa no ócio, ou, para ser mais exato, apenas se leva em conta o papel do ócio. No melhor dos casos, considera-se que o ócio pode ser um elemento a mais que contribui para o ideal de envelhecimento proposto. Sou de opinião totalmente contrária. Para mim, o envelhecimento satisfatório é algo acessível para qualquer pessoa, independentemente de sua situação, porque tem seu centro de referência na ocupação satisfatória, com sentido – quer dizer, no ócio valioso, que pode se tornar realidade para cada um de nós. O ócio valioso torna significativa a atividade que realizamos e em nenhum caso se refere apenas à ação física. Seu centro de interesse se encontra na motivação e no desejo de nos superarmos em qualquer de nossas capacidades: física, mental, emocional ou social. Esse ócio é o grande ausente do envelhecimento ativo que alguns propõem, que poderia ser melhor e chegar a todos ao incorporar o ócio valioso.

Questões para debater

1. Existe uma relação direta entre envelhecimento e saúde? Como você justificaria isso?
2. Podemos fazer alguma coisa para preservar e/ou melhorar a saúde?
3. Você acha importante reconhecer que a informação contínua é um pilar do bom envelhecimento?
4. Alguns aspectos da imagem tradicional do envelhecimento deveriam ser mantidos?
5. O que lhe parece mais importante para as pessoas aposentadas: a diversão ou a ocupação prazerosa?

5. Envelhecimento satisfatório

O capítulo anterior terminou aludindo ao esquecimento do ócio e à importância de experimentá-lo envelhecer bem. As páginas a seguir aprofundam o assunto.

O ócio como possibilidade

Já comentei que não entendo como não se tem levado mais em conta o papel que o ócio pode e deve desempenhar no envelhecimento; por isso eu afirmava que ele é o grande ausente nos planos de envelhecimento ativo. Estou me lembrando do famoso estudo sobre o envelhecimento dos norte-americanos publicado por Robert Weiss em 2005[21]. Esse autor deixa claro que a aposentadoria nos traz três novas possibilidades: tempo livre, liberdade e outra forma de vida. Se as analisamos com atenção, podemos ver que estamos diante de três elementos essenciais para poder levar adiante um ócio valioso, para tornar realidade o potencial de vivências satisfatórias que de um modo ou de outro estão a nosso alcance.

Ainda assim, não é suficiente ter essas possibilidades; as experiências de ócio existem na medida em que se realizam. O ócio não é só um conceito; trata-se, antes de tudo, de uma energia vital que nos dá sentido por meio do desejo, da motivação, do interesse e da satisfação. Além do mais, não

[21] Weiss, 2005.

entendo o esquecimento desse estudo quando as pesquisas sobre valores sociais o situam em primeiro lugar entre nossos interesses. O último estudo sobre valores especifica que, na Espanha, mais de 90% das pessoas consideram que o ócio é algo importante ou muito importante na vida[22]. Os números também são altos no restante da Europa e em outras partes do mundo. Apesar disso, penso que a maior parte dos analistas que se ocupam do envelhecimento realmente desconhecem o que é e o que significa o ócio que comentamos e seu potencial para o desenvolvimento humano. Já sabemos que o que ignoramos nunca se reflete em nossos trabalhos.

Felizmente, isso não é tudo o que acontece: algumas pesquisas sobre idosos levam em conta a importância do ócio. É o caso dos estudos realizados na área de conhecimento denominada estudos do ócio, e também de algumas pesquisas sobre idosos que têm se interessado pelo ócio. Assim acontece com o Informe do Imserso[23], ou a pesquisa sobre a velhice ativa na Espanha coordenada por Diego R. Fariñas, do Conselho Superior de Investigações Científicas (CSIC), da Espanha[24]. Cito esses trabalhos porque os reli recentemente, mas existem outros casos igualmente interessantes. O que eu quero destacar é que esses estudos constatam, cientificamente, que o ócio é algo importante na vida das pessoas idosas e que sua prática contribui para melhorar seu dia a dia e sua percepção da qualidade de vida.

O objetivo do envelhecimento satisfatório

Contudo, voltando à ideia de envelhecimento satisfatório, posso dizer que o entendo como algo que pode se aplicar tanto às pessoas quanto aos grupos populacionais. Seu objetivo é facilitar o desenvolvimento do potencial de bem-estar físico, mental e social de cada um, a partir das próprias experiências de ócio. O envelhecimento satisfatório enfatiza o significado das atividades que realizamos, que deverão estar em sintonia com nossas necessidades, nossos desejos e nossas capacidades. O termo "satisfatório" refere-se ao bem-estar que experimentamos quando fazemos algo com sentido e significado. Algo que depende de nós, ainda que, logicamente, seja bastante determinado pelo

[22] Arístegui, 2012, p. 285.

[23] Instituto de Mayores y Servicios Sociales, 2009.

[24] Fariñas, 2012.

ambiente e pelas circunstâncias em que vivemos. Ainda assim, em geral, as pessoas aposentadas, em muitos casos doentes ou com alguma incapacidade, podem continuar tendo ilusões e interesses que não sejam puramente utilitaristas. O cultivo de um ócio baseado nesses pressupostos permite descortinar um horizonte de desenvolvimento que resulte na melhora da qualidade de vida.

Com isso, quero assinalar que o ócio de cada um de nós é algo real e factível, algo que podemos desenvolver a partir de nossos interesses e capacidades. Sem dúvida, deve-se levar em conta que o ócio não acontece sem mais nem menos, não é algo que aconteça por acaso. Não me canso de repetir essa ideia, que é o fundamento de uma educação necessária do ócio que poucas pessoas tiveram a sorte de conhecer. O envelhecimento satisfatório, como acontece com a experiência do ócio, concentra-se na pessoa que envelhece, em seus gostos, desejos e interesses, priorizando-a em relação a outros projetos mais racionais ou utilitaristas, que nem por isso devem ser desmerecidos. Isso nos indica que dificilmente poderemos levar adiante um envelhecimento satisfatório se não começarmos assumindo o que é e o que significa o ócio do ponto de vista positivo que propomos. Rejeitar preconceitos e assumir a existência de um ócio que abandone o utilitarismo é, portanto, a primeira condição para tornar realidade o envelhecimento que comento.

Tempo, liberdade e novas oportunidades de vida

Como eu já disse, a aposentadoria nos dá a chance de desfrutar de tempo, liberdade e novas oportunidades de vida. Depende de nós transformar esses elementos em algo satisfatório. Desfrutar de tempo, daquilo que fazemos e vivemos em cada momento, é questão de maturidade. É, portanto, uma capacidade mais próxima das pessoas idosas que daquelas em faixas etárias menos avançadas, embora tampouco esteja garantida apenas pela idade. Da mesma maneira que o tempo livre não assegura a vivência do ócio porque estamos diante de algo que depende de nós, e a transição de um estilo de vida centrado no trabalho para outro, centrado no que é satisfatório, também não é tarefa simples. Requer mudanças de atitude, afirmação de valores e estratégias, algo que se constrói no dia a dia. O ócio valioso não pode ser improvisado; carregamos gostos e hábitos que vamos cultivando ao longo de nossa biografia, mas isso não impede a inovação, ainda que a novidade não seja algo atrativo com o avançar da idade.

O que cresce com os anos é a demanda de satisfação vital. E sobre esse aspecto existem numerosos estudos que afirmam a relação positiva entre a duração do tempo livre, o sentimento de bem-estar e a vida satisfatória[25]. O tempo de ócio de um aposentado deveria ser a ocasião para usufruir de tudo isso. Uma aluna que acaba de se "pré-aposentar"[26] comentou comigo que seu ócio começa ao despertar. Até agora, não havia tido a ocasião de tomar o café da manhã devagar, desfrutando do que comia, e de folhear as páginas do jornal com cheiro de tinta fresca. "Agora entendo o que você contava em suas aulas", disse ela. Gostei de ouvi-la falar assim; também para mim o dia se inicia assim, quando posso.

Envelhecer com ilusão

Considero que o envelhecimento não se encontra tanto nas mudanças corporais que vamos experimentando com o passar dos anos, mas que envelhecemos à medida que perdemos a capacidade de enfrentar as situações vitais diárias sem ilusão, sem encontrar nelas sentido e significado. E é aqui que, no meu modo de ver, aparece o ócio valioso. Eu me refiro agora àquilo que interroga o indivíduo, desperta seu interesse e o convida a descobrir algo mais. Reconhecemos o ócio valioso porque ele não busca preencher o tempo, mas a realização, a superação e o desenvolvimento de cada um de nós como pessoa. Por isso gosto de afirmar que deve ser um ócio que nos acompanhe até o final de nossos dias. Isso é possível porque o desenvolvimento humano não é apenas uma questão da infância ou da juventude, mas de qualquer período da vida. Como se sabe, nossa capacidade de desenvolvimento termina no dia em que morremos; a afirmação pode parecer estranha para qualquer pessoa não informada quanto aos progressos da medicina e, especialmente, da neurociência.

[25] Cuenca Amigo, Monteagudo e Bayón, 2013; Cuenca Amigo *et alii*, 2014.

[26] Na Espanha, a *prejubilación* (literalmente, "pré-aposentadoria") é um procedimento em que o funcionário idoso deixa de trabalhar, de comum acordo com a empresa, mas continua a receber uma renda mensal até alcançar a aposentadoria. [N.E.]

Questões para debater

1. Você concorda com a afirmação de que ócio e tempo livre são a mesma coisa? Como justifica isso?
2. Tem prazer com passatempos que muitas pessoas não considerariam atividades de ócio?
3. Você acredita que o ócio pode ser comprado? Exemplifique.
4. Uma prática de ócio pode ser mais valiosa que outra?
5. Em que medida você acha que o prazer tem relação com o esforço?

6. Os benefícios do ócio

O ócio favorece a descoberta de nossos interesses, o que equivale a dizer que nos ajuda a saber o que queremos na realidade. Se é assim, pode-se dizer que o ócio nos permite entrar em uma espécie de diálogo, promovido por autoestimulação, com o qual vamos descobrindo nossas necessidades e nos abrindo para um processo de melhora, aprendizagem e participação. Uma participação que não tem sentido em si mesma, senão como meio de realizar as propostas desejadas. Com isso, quero dizer que as vivências de ócio, além de servir para esclarecer nossos interesses e estimular nossa motivação, também nos abrem para os outros, com quem podemos compartilhar ou vivenciar nosso ócio. Importantes estudos, como os de Adams, Puga e Abellán[27], entre outros, confirmam que avançar nas práticas satisfatórias desejadas favorece a participação ativa em associações de diversos fins. O ócio que se torna realidade como experiência satisfatória tem um efeito benéfico que vai além de sua própria vivência, incidindo em todo o nosso ser e proporcionando-nos consequências que se manifestam em outros aspectos de nossa vida e de nossas relações com o ambiente ao redor[28]. Em psicologia, essa área de trabalho é conhecida pela denominação

[27] Adams, Leibbrandt e Moon, 2011; Puga González e Abellán García, 2007.

[28] Tinsley, 2004; Monteagudo, 2004.

genérica de "benefícios do ócio". Driver e Bruns[29] abordam esse tema a partir de um enfoque triplo: como melhora, prevenção e efeito paliativo.

As experiências de ócio atuam como melhora

O termo "melhora" é entendido no sentido de uma condição ou situação de uma pessoa, grupo ou entidade no marco de um ócio generativo ou proativo. Há tempos que os americanos vêm chamando a atenção para isso. A consideração dos benefícios do ócio tem um amplo desenvolvimento desde o aprofundamento psicológico e personalista, ainda que também seja notório seu interesse social. Enfatiza-se sua relação com a qualidade de vida, um aspecto que tem conotações importantes tanto individuais como sociais. Desse ponto de vista, os estudos afirmam que a prática de atividades gratificantes de ócio tem uma repercussão positiva e necessária em todos nós. Uma mesma atividade de ócio pode proporcionar a quem a pratique diferentes tipos de benefícios de forma simultânea, ainda que possam ser diferentes para cada pessoa. Também podem ser diferentes os benefícios proporcionados por uma mesma prática em diferentes momentos da vida. As pesquisas distinguem benefícios físicos, psicológicos, sociais e globais.

Benefícios físicos

Muitas das mais amplas experiências de ócio têm relação com o movimento e a atividade, o que se reflete na manutenção da saúde e da forma física. O exercício físico contribui para o crescimento, a flexibilidade, a força e o equilíbrio dos músculos, evitando riscos de debilitação e prevenindo doenças. Sabe-se que as práticas de ócio que implicam atividade física moderada ajudam a retardar o declínio funcional e a reduzir o risco de doenças crônicas. Suas consequências redundam também na melhora da saúde mental. A atividade física, vivida como ócio, proporciona satisfação e permite evitar problemas provocados pela rotina diária. Comprovou-se que determinadas atividades de ócio favorecem a melhora do autocontrole ou o desenvolvimento de habilidades de cooperação em pessoas com dificuldades mentais.

[29] Driver e Bruns, 1999.

Benefícios psicológicos

Em sentido contrário, as atividades de ócio baseadas na atividade mental também se refletem fisicamente, contribuindo para o bom humor, a satisfação geral ou, inclusive, para o esquecimento da dor. Os benefícios psicológicos que o ócio proporciona podem ser de diferentes tipos, sendo os mais frequentes os emocionais, os cognitivos e os comportamentais. Os benefícios emocionais referem-se a sentimentos, afetos ou emoções positivas que emergem das experiências de ócio e incluem afetos e percepções em relação a si mesmo. Os benefícios cognitivos são resultantes das novas aprendizagens que surgem das experiências de ócio: desenvolvimento de capacidades, aquisição de conhecimentos e domínio de habilidades que fomentam a criatividade, expandem a memória e o pensamento, facilitam a aquisição de técnicas e estratégias de planejamento etc. Os benefícios comportamentais referem-se aos efeitos positivos proporcionados pela participação em experiências de ócio ao favorecer a aquisição de habilidades de todo tipo: coordenação óculo-manual, manejo de ferramentas, psicomotricidade, etc.

Benefícios sociais

Os benefícios sociais surgem da influência que as experiências de ócio têm na comunicação interpessoal e nas habilidades sociais. O desenvolvimento de um comportamento lúdico aumenta a capacidade de levar adiante relações pessoais mais adequadas. As interações de ócio permitem estabelecer vínculos baseados no gosto e na livre vontade – não tanto na obrigação –, que contribuem para estreitar os laços humanos[30]. Além disso, o ócio é um espaço social aberto aos parentes, que facilita a quebra da rotina e favorece a abertura do núcleo familiar, propiciando o desenvolvimento de relações afetivas.

Benefícios globais

Fala-se de benefícios globais no sentido de que o ócio tem também efeitos que influenciam globalmente nossa personalidade, ao aprimorar nossa capacidade de expressão e favorecer a autoidentificação. As experiências de ócio são oportunidades de autonomia e independência, espaços para desenvolver identidades não familiares que complementam o papel da família.

[30] Lazcano Quintana, 2012.

A prática do ócio nos permite sair de nós mesmos, entrar em contato com outras pessoas e outros problemas, viver situações queridas que facilitam a realização e o desenvolvimento de nossa personalidade. Jogando aprendemos regras de comportamento e convivência[31]; lendo um livro ou vendo um filme adentramos mundos referenciais que nos dão a possibilidade de melhorar. A evolução de habilidades e capacidades, ao compartilhar contextos sociais de ócio, proporciona um aumento da autoestima e do bem-estar. A atividade e o encontro descontraído que se produzem em ambientes de ócio propiciam a cada um se mostrar como é e, ao mesmo tempo, perceber a realidade do outro. Tudo isso faz parte dos benefícios do ócio, porque sua prática permite às pessoas viver experiências emocionais de especial importância para a maturidade.

As experiências de ócio atuam como prevenção

Além de melhorar, as experiências de ócio atuam como prevenção de situações indesejáveis e/ou manutenção de outras desejadas, no marco de um ócio preventivo ou sustentado. Queremos dizer que o ócio contribui para a manutenção de conquistas existentes e desejadas, como as amizades, a saúde ou outros; mas também evita a perda de práticas desejadas que previnem circunstâncias e situações adversas. Nesses contextos fica difícil identificar o ócio como melhora, uma vez que o modo como se manifesta se caracteriza precisamente pela falta de mudança, mas nem por isso deixa de ser experimentado como um benefício positivo.

O ócio é um âmbito excepcional para questões de manutenção, mas também de prevenção terapêutica. Tal é o caso do descanso, da higiene, dos hábitos de vida ou da utilização do tempo de um ponto de vista saudável. São todas questões importantes quando pensamos no envelhecimento satisfatório, mas, ao mesmo tempo, difíceis de abordar no dia a dia. Só a possibilidade de mudar de um estilo de ócio passivo para outro ativo é uma questão difícil. Estudos como o de Kunkel[32] falam dessa dificuldade, e autores como Agustín Requejo[33] consideram que a animação sociocultural tem um papel-chave no

[31] Fraguela *et alii*, 2009.

[32] Kunkel, 2001.

[33] Requejo, 1997.

desenvolvimento das pessoas e dos grupos, aos quais se deve facilitar processos de participação, comunicação e desenvolvimento social.

As experiências de ócio que atuam como fontes de satisfação

Diversos estudos, como os de Driver e Bruns[34], mostram que as experiências positivas de ócio facilitam a consecução de uma experiência psicológica satisfatória, sempre que levadas adiante no marco de um ócio ajustado às características e circunstâncias dos sujeitos que as realizam. Nessa situação se destaca o valor do ócio como fonte de satisfação que responde às expectativas do sujeito que o vivencia. Essa peculiaridade determina que estejamos falando de benefícios exclusivamente pessoais, embora precisamente por isso vários autores coincidam em afirmar que essa percepção é fundamental para aumentar as probabilidades de obter outros benefícios. Existem inúmeros estudos cujos resultados assinalam as consequências favoráveis das experiências positivas, às quais nos referiremos em capítulos posteriores. Por ora me limitarei a recordar o trabalho de Schelley Taylor[35], que há anos estudou as consequências favoráveis das emoções positivas. A autora afirma que, para realizar com sucesso qualquer tarefa, são necessárias três habilidades diferentes: saber escolher adequadamente a tarefa a desempenhar, manter constante a motivação para realizá-la e ter certa organização para levá-la adiante. Pois bem, seus estudos concluem que os estados de ânimo positivos facilitam muito os três aspectos, especialmente o segundo. As experiências de ócio são motivadoras em si mesmas.

As experiências de ócio atuam como paliativo

Além do ócio como bem em si mesmo, também se pode falar de ócio como mitigação. O ócio paliativo é um dos conceitos renovados, que conta com inúmeras possibilidades de futuro. O ócio atua como experiência "paliativa" quando permite às pessoas se adaptarem às mudanças de rota e se recomporem de acontecimentos relevantes da vida, como a perda de uma pessoa querida ou do emprego. O distanciamento que se ativa por meio do ócio atua como barreira protetora e permite que as pessoas adquiram certo

[34] Driver e Bruns, 1999.

[35] Taylor, 1991.

controle sobre as experiências estressantes. "O riso pode, em alguns casos, ser o melhor remédio. Além disso, as atividades de ócio servem em algumas ocasiões como um adaptador, proporcionando certa continuidade e estabilidade para fazer frente à perda."[36] Partindo desses conhecimentos, Kleiber afirma que "os avanços positivos no desenvolvimento são com frequência precedidos pelo fim de um período de ócio. As pessoas voltam a assumir outros aspectos da vida com uma nova perspectiva, com um novo repertório de interesses ou aptidões, com um sentido diferente de si mesmas ou uma visão diferente do futuro"[37].

O ócio paliativo é parte dos processos de reabilitação. O reconhecimento da importância desses programas na área de ócio terapêutico é cada vez maior. Uma referência obrigatória sobre esses modelos de intervenção é o estudo de C. A. Peterson e S. L. Gunn, *Therapeutic Recreation Program Design* [Design de programa de ócio terapêutico] (1984). Os referidos autores consideram que a educação do ócio deveria fazer parte dos serviços terapêuticos, motivo pelo qual exige profissionais adequadamente preparados, capazes de gerar processos internos de melhora nos participantes.

Questões para debater

1. Você já pensou alguma vez que suas práticas de ócio o ajudam a melhorar em algo? Em quê?
2. Que benefícios do ócio, entre os que aparecem neste capítulo, lhe parecem mais importantes? Por quê?
3. Em sua opinião, de que modo o ócio pode ajudar a diminuir a deterioração própria da idade?
4. O que mais o satisfaz em suas experiências de ócio?
5. Poderia dar algumas razões pelas quais as experiências de ócio ajudam a diminuir sensações de dor física ou psicológica?

[36] Kleiber, 2000, p. 67.

[37] *Ibidem*, p. 73.

7. Sobre a plasticidade

O conhecimento do ócio e dos benefícios que proporciona ao ser humano encontrou uma área de aprofundamento, nova e potente, no estudo da plasticidade da mente humana. Os recentes progressos nesse tema permitem reorientar nossa práxis e redefinir a prioridade de nossas competências, em que o ócio valioso também tem uma função importante. Pessoalmente, fico bastante esperançoso em saber que não existe uma relação direta entre declínio intelectual e idade.

A plasticidade cognitiva

Quando penso nas pessoas com declínio mental que conheci, percebo que ele é menos frequente em quem mantém intensa atividade intelectual, como ocorre com muitos de meus companheiros de universidade. Essa vivência próxima, que bem podia ser casual, já me fazia pensar que é possível manter-se ou, ao menos, minimizar a decadência na última etapa da vida. Agora acredito nisso com mais fundamento, após conhecer os progressos que estão sendo obtidos sobre a plasticidade da mente: por um lado, confirmam minhas reflexões anteriores; por outro, me fazem ver a importância de especificar os conceitos, já que não é a mesma coisa referir-se à plasticidade cognitiva e à plasticidade comportamental.

Entende-se por plasticidade cognitiva a capacidade que as pessoas têm de modificar o conhecimento cognitivo a partir da aprendizagem. Já sei que existem autores que precisam isso, afirmando que só se pode falar de plasticidade quando as mudanças funcionais vêm acompanhadas de mudanças estruturais. Dito de outro modo, para que exista plasticidade se exigiria certa transferência de conhecimento. Quer dizer que, se eu me exercito e melhoro fazendo algo, também deveria transferir essa capacidade a outras tarefas semelhantes para as quais não me exercitei. Isso é um pouco parecido com o que ocorre com a liberdade: à medida que a desenvolvemos a partir do ócio, ficamos em melhores condições para utilizar essa força em outras situações da vida não relacionadas a ele.

Plasticidade neuronal e reserva cerebral

É muito animador saber que tanto a plasticidade neuronal como a reserva cerebral podem ser estimuladas positivamente nas pessoas idosas. No primeiro caso, refiro-me à capacidade de mudança neurobiológica como consequência da experiência ou da estimulação sensorial, que é o princípio básico da capacidade de reserva cerebral e da plasticidade cognitiva. Pessoalmente, fico animado em saber que as estimulações física, emocional ou social, junto à experiência acumulada e à educação recebida, são determinantes para manter a reserva cognitiva e neuronal. É uma afirmação que fortalece a ideia de que um ócio pode ser mais valioso que outro. Não importa tanto que as experiências de ócio nos permitam melhorar física, mental, emocional e socialmente ao mesmo tempo. A chave não está no aumento das práticas, mas em aprofundar e ampliar o horizonte daquelas que temos. Digo isso porque, no processo de aprofundamento, sempre aparece a necessidade de aumentar o conhecimento e de se abrir aos demais – aspectos que, segundo entendo, também têm uma repercussão importante na plasticidade.

Isso me faz lembrar alguns textos de Rocío Fernández-Ballesteros (2011a e b), uma profissional bastante reconhecida, que dedicou boa parte de sua vida ao estudo do envelhecimento. Baseando-se em suas muitas pesquisas no Conselho Superior de Investigações Científicas (CSIC), ela chega a afirmar que é possível manter a aprendizagem ao longo de toda a velhice, e que o desenvolvimento cognitivo é possível com treinamento. É verdade que logo ela matiza essa afirmação, detendo-se nas idades. Segundo ela, a aprendizagem funciona normalmente até os 75 anos; mas, a partir daí, constata-se certa diminuição no desenvolvimento dessa capacidade. Diminuição que não significa desaparição, porque, segundo afirma, os dados disponíveis indicam que, mediante determinado treinamento, as pessoas sãs mantêm a capacidade de aprender, inclusive a partir dos 90 e dos 100 anos.

O que podemos fazer

De um modo ou de outro, surge a importância do treinamento, que tanto significa não ficar quieto quanto não se deixar levar. É que o treinamento nos permite compensar a decadência, que é inevitável, mas que podemos desacelerar até o ponto em que consigamos manter as funções mínimas de uma vida digna. Por isso eu afirmava antes que a plasticidade comportamental vai além da cognitiva. A vida é um longo processo de aprendizagem no qual é importante toda melhora referente a nossas capacidades, sejam físicas, mentais, sensoriais, emocionais ou de qualquer tipo. E, segundo entendo, os estudos sobre a plasticidade nos ensinam que os diferentes processos de aprendizagem são factíveis ao longo de toda a vida, apesar das doenças ou de outro tipo de limitações.

Sabe-se que os repertórios básicos comportamentais interagem fortemente uns com os outros. Existem numerosos estudos que confirmam a inter-relação entre as emoções e o envelhecimento, ou entre cognição e emoção. Na Espanha, surgiram graças ao apoio do Imserso, entre os anos 2006 e 2009. Um deles é o de María Márquez-González[38]. Mas creio que não estamos descobrindo nada novo ao afirmar que somos um todo unitário, que existe uma implicação mútua entre conhecimento, afeto, motivação, comportamento e saúde. Surpreendeu-me a conclusão de Laura Carstensen e outros[39] em suas pesquisas. Eles asseguram que o funcionamento emocional melhora, ou pode melhorar, ao longo da vida. Isso permite pensar que, no envelhecimento normal, surge uma preferência pelo positivo e pelo ótimo.

O positivo e o ótimo

Agora que conhecemos mais sobre o ócio valioso, devo reconhecer que os estudos sobre a plasticidade me animaram muito a continuar me aprofundando no tema do envelhecimento satisfatório. De fato, não concebo

[38] Márquez-González, 2008.

[39] Carstersen, Mikels e Mather, 2006.

aprendizagem nem treinamento na velhice que não estejam relacionados com o ócio, ou seja, motivados pela satisfação de levar adiante algo que se aprecie verdadeiramente. As experiências do ócio se transformam em algo ótimo e benéfico se forem acompanhadas de perseverança, esforço, formação e contexto social. Esses aspectos ficaram muito claros para mim ao pesquisar sobre o ócio positivo e as experiências ótimas, sobre as quais tanto aprendi nas pesquisas de Maslow[40] ou Csikszentmihalyi[41]. O certo é que os estudos sobre a plasticidade confirmam a importância de se praticar um ócio valioso, no sentido integral, como o entendo. Um ócio que implique todo o nosso ser, tanto físico como mental, seja emocional, seja relacional. Um ócio múltiplo, que se vivencie por meio de práticas variadas e complementares; mas que, ao mesmo tempo, tenha uma série de elementos comuns, tais como motivação pessoal, afã de superação e presença do conhecimento. Conhecimento e consciência, dois aspectos essenciais em todo ócio positivo, que são fundamentos do ócio valioso que proponho.

Questões para debater

1. Você conhece casos de pessoas que se interessaram em aprender durante toda a vida? Por quê?
2. Acredita que a estimulação física, a emocional e a social estão relacionadas entre si?
3. Elas podem ser uma maneira de treinar as experiências de ócio?
4. É sempre positivo fazer aquilo de que gostamos?
5. É contraditório falar de ócio e, ao mesmo tempo, de esforço, perseverança e formação?

40 Maslow, 1993.

41 Csikszentmihalyi, 1998.

8. O potencial dos passatempos

Há poucos anos o dr. Douglas Kleiber, professor da Universidade da Geórgia e uma das poucas pessoas que escreveu um livro sobre a experiência de ócio e o desenvolvimento humano[42], passou seis meses em nosso instituto. Durante esse tempo, tive inúmeras ocasiões de conversar com ele sobre suas pesquisas, que eu conhecia fazia anos. Lembro-me de ter comentado que o desenvolvimento humano faz parte da mudança vital a que todas as pessoas estão submetidas com a idade. Uma mudança que, como vi em suas pesquisas, não é totalmente determinada pelo social ou o biológico, mas também tem muito a ver com nós mesmos e com nossas próprias ações. Desse ponto de vista, ele afirmava que o ócio, enquanto prática reiterada de nossos passatempos, vincula-se ao desenvolvimento pessoal por meio do exercício de nossa liberdade e das escolhas responsáveis que acarreta. Sabe-se, afirmava Kleiber, que as experiências de liberdade favorecem a tolerância, capacidade muito positiva na hora de promover nossa melhora pessoal.

Controle e desenvolvimento da atenção

As pesquisas de Douglas Kleiber constatam que o exercício de nossos passatempos facilita o controle da atenção, uma habilidade que permite melhorar o desfrute e é muito importante para o desenvolvimento pessoal. Isso

[42] Kleiber, 1999.

ocorre especialmente com os passatempos arraigados; ainda que pareça algo genérico, eu mesmo o experimentei de forma concreta com minha atividade de editar filmes de vídeo familiares. Mesmo sem consciência disso, me dou conta de que fui aumentando minha sensibilidade para analisar a adequação ou não da música à narrativa de qualquer filme que vejo. Isso não acontecia antes de me dedicar a esse passatempo.

É evidente que o desenvolvimento da atenção pode ser obtido também de outras maneiras, mas o curioso é que se tenha verificado ser uma capacidade que se cultiva a partir dos passatempos. E, mais importante que isso, é algo que se incorpora ao nosso potencial pessoal e se torna efetivo em outros campos e atividades. Assim acontece, por exemplo, no caso de formular e pôr em prática objetivos ou metas individuais. Kleiber defende que a consolidação de passatempos e outros interesses é importante também porque nos leva a um nível de estímulo crescente, que favorece a melhora de aptidões e capacidades, como a atenção. Esse processo se mantém graças ao interesse e à motivação própria das experiências de ócio, entre as quais os passatempos ocupam um lugar privilegiado.

Sobre a psicologia positiva

Kleiber é um dos autores que seguem as ideias do psicólogo Mihaly Csikszentmihalyi, reconhecido por sua teoria do fluxo, também traduzida como fluir. Lembro que me impressionou muito sua participação no VI Congresso Mundial de Lazer, que se realizou em Bilbao no ano 2000. Naquela ocasião, ele repetia uma frase que logo encontrei em seu livro de forma reiterada: "O desfrute é a pedra angular da evolução". Esse pensamento é compartilhado por outros seguidores da chamada psicologia positiva.

O popular Martin E. T. Seligman fundamenta boa parte de suas teorias nesse mesmo pensamento. Segundo ele, as experiências positivas nos introduzem em uma "espiral ascendente" que nos permite gerar mais sentimentos positivos, plenos de potencialidades de desenvolvimento. Para Seligman[43], as experiências positivas, que é como classifico as experiências de ócio valioso, são umas das melhores maneiras de ampliar e potencializar os recursos intelectuais, físicos e sociais das pessoas. Isso indica que os

[43] Seligman, 2003.

passatempos, enquanto ócio reiterado, têm maior possibilidade de melhorar as capacidades individuais ou sociais. Csikszentmihalyi[44] especificava essa reflexão afirmando que são mais valiosos, do ponto de vista do desenvolvimento, os ócios que requerem alguma complexidade psicológica.

Nessa mesma linha de pensamento, os estudos de Barbara Fredrickson[45], que se fundamentam em pesquisas empíricas, assinalam que as emoções positivas nos tornam mais criativos, abertos e tolerantes. Essa autora também se refere à incidência desse tipo de experiência no desenvolvimento de capacidades e em seu potencial de reserva – segundo ela, os recursos que acumulamos com as experiências positivas podem nos ajudar diante de uma ameaça ou de situações novas e inesperadas.

Além do desfrute

A reflexão sobre as contribuições da psicologia positiva, que pode ser lida diretamente a partir das experiências de ócio valioso, protótipo de experiências positivas, permite-nos pensar que o cultivo de nossos passatempos facilita o cultivo de forças pessoais e/ou sociais. E também que se trata de um ócio que vai além do uso e do desfrute em si mesmo, gerando nas pessoas potencialidades que são transferíveis a outros âmbitos e contextos da vida. Ao longo de minha experiência profissional, deparei-me com muitos casos de pessoas que terminaram transformando seus passatempos em trabalho, e, quando lhes perguntei por que tinham feito isso, a resposta que mais se repetia era "porque assim sou muito mais feliz". Os estudos de psicologia positiva nos ensinam que, quando experimentamos sentimentos positivos, nosso pensamento e nossa ação se modificam. A verdade é que acredito nessa espiral ascendente que Seligman comenta, e penso que, com as vivências de ócio autêntico, conseguimos gerar recursos que nos ajudam tanto quanto à sociedade.

Junto ao que se afirmou até aqui, as pesquisas comentadas destacam que a prática reiterada de nossos passatempos colabora para a manutenção de bons níveis de saúde física, mental e social. Embora nem sempre a participação social seja meio para o desenvolvimento desejado, com frequência faz

[44] Csikszentmihalyi, 2001.

[45] Fredrickson, 2001 e 2003.

parte do processo de maturidade, e é uma necessidade que surge quando as vivências satisfatórias de plenitude querem transcender para as demais. É o que acontece em geral com os ócios associados à criatividade. O ócio valioso nos permite ter acesso à realização de experiências satisfatórias positivas, que são valiosas em si mesmas e para o desenvolvimento pessoal. Isso pode ser visto a partir do conhecimento científico proporcionado pela psicologia positiva, área científica em ascensão que, em inúmeras ocasiões, vem confirmar conhecimentos que já nos eram familiares por meio de outras disciplinas, como a antropologia, a sociologia, a educação e um amplo *et cetera*.

O ócio valioso tem um importante potencial de melhora porque, de modo intencional e voluntário, nos separa da realidade cotidiana em que vivemos. Um livro, um filme, um passeio, uma canção... favorecem o distanciamento de nós mesmos, o que é benéfico para quem o experimenta. Isso porque os passatempos nos convidam a quebrar a rotina e experimentar o novo. Esse distanciamento do que é rotineiro faz que nos preenchamos de vivências motivadoras, que permitem mudar o olhar sobre o que nos rodeia ou sobre o que devemos fazer em outros âmbitos, diferentes daquele do ócio. O treinamento e a aprendizagem, tão necessários para o desenvolvimento da plasticidade da mente, vistos a partir do ócio, podem ser traduzidos na necessidade de continuarmos a nos aprofundar nos temas do ócio em geral e em nossos próprios interesses em particular.

Questões para debater

1. Que capacidades você percebe que desenvolveu graças a seus principais passatempos?
2. Acredita que as pessoas que compartilham atividades de lazer podem se tornar mais abertas e tolerantes?
3. Já sentiu que as experiências positivas de ócio de alguma maneira melhoraram sua vida?
4. Podemos afirmar que nossos principais passatempos nos proporcionam experiências positivas de ócio? Explique sua resposta.
5. O que é mais importante em seu ócio, quebrar a rotina ou se dedicar mais a algum passatempo?

9. Os modos de envelhecer

Há alguns dias participei de uma conferência sobre o ócio e sua relação com os estilos de envelhecimento. Preparar a fala me obrigou a revisar e atualizar apontamentos que eu tinha elaborado para um curso dado há vários anos na Universidade de Burgos. Foi assim que me deparei novamente com os chamados modos ou estilos de envelhecimento e alguns estudos significativos sobre o tema publicados nos primeiros anos deste século. Sua releitura me faz pensar em duas questões antitéticas. A primeira é que, admitindo que existam tantos modos de envelhecer quanto há pessoas no mundo, o certo é que nos capítulos anteriores nos concentramos em uma determinada tipologia de envelhecimento, ignorando a situação da maior parte das pessoas que nos rodeiam e que correspondem a outras características. A segunda, aparentemente contraditória com a anterior, e que me interessa mais, refere-se às pessoas que veem o envelhecimento como oportunidade e o ócio como âmbito de desenvolvimento. Neste capítulo, gostaria de refletir sobre essas questões.

Envelhecemos de forma diferente

Vamos começar lembrando que todas as pessoas têm um modo de envelhecer diferenciado; porém, ainda assim, podemos reconhecer a existência de algumas tipologias de envelhecimento. Isso é o que afirmam as pesquisas revisadas e também as que realizei pessoalmente nos últimos anos. Lembro que a procura dessas tipologias sociológicas era algo que entusiasmava meu amigo José Ignacio Ruiz Olabuénaga[46], uma autoridade em sociologia que fez parte da primeira Equipe Interdisciplinar de Estudos de Ócio durante a última década do século XX. Ele gostava de procurar a correlação entre classes sociais e práticas de ócio, um modo de análise que também utilizou ao estudar a "Pesquisa sobre condições de vida dos idosos na Espanha", de 2004[47]. Nesse caso, Lourdes Pérez Ortiz se refere à classe popular rural, à classe popular urbana, aos pequenos burgueses ou à alta burguesia, embora também se detenha na relação existente entre as atividades de ócio e os operários, empregados, autônomos e executivos. Devo reconhecer que esse ponto de vista não me interessa, é bastante impreciso e não corresponde à realidade de hoje. De fato, ficou de fora em estudos posteriores. Prefiro as tipologias formadas a partir de grupos de variáveis relacionadas diretamente com as práticas de ócio, de modo que vamos nos concentrar nelas.

Fico feliz por comprovar que pesquisadoras espanholas como a citada Lourdes Pérez Ortiz ou Gloria Fernández-Mayoralas[48] tenham pensado no ócio como referência de seus estilos de envelhecimento. Nos dois casos que comento, são levadas em conta as atividades de ócio realizadas e sua frequência. Cada autora chega a um agrupamento tipológico diferente, com denominações diversas. Sem dúvida, vejo que, tanto em um caso como no outro, existe um denominador comum, a constatação de que é possível distinguir grupos de pessoas em função de suas práticas de ócio. É curioso também que o resultado final nos mostre uma divisão, mais ou menos equitativa, do ponto de vista da atividade. Cerca de metade do grupo de pessoas idosas estudadas formava parte dos "inativos" ou, em todo caso, de pouca atividade, enquanto os restantes se agrupavam na classificação de ativos, com diferentes graus.

Chama a atenção que as pessoas pertencentes a grupos com bastante prática de ócio afirmavam gozar de saúde física e mental boa ou suficiente, maior capacidade funcional e uma visão mais positiva da vida. Evidentemente isso teria que ser matizado segundo as tipologias, mas é

[46] Ruiz Olabuénaga, 1992.

[47] Pérez Ortiz, 2006.

[48] Pérez Ortíz, 2006; Fernández-Mayoralas *et alii*, 2014.

uma afirmação que se mantém no nível geral, o mesmo que acontece com a ausência ou diminuição significativa da depressão mental no caso das pessoas com práticas de ócio ativo.

Fatores que influem em um ócio ativo

Diante dessa situação, Gloria Fernández-Mayoralas[49] se pergunta quais serão os fatores que influenciam a passagem da inatividade para a atividade. A análise dos dados disponíveis a leva a afirmar que existem três fatores significativos, com graus diferentes de importância. Em primeiro lugar estaria a percepção da saúde de cada um. Digo percepção e não a saúde em si mesma. Pois bem, uma melhor percepção de saúde e funcionamento físico, junto com a ausência de depressão, corresponde a uma maior prática de ócio. É como aquela velha história de quem nasceu primeiro, o ovo ou a galinha; mas o certo é que aparece aí uma influência mútua que é inegável. Um segundo fator significativo é o ambiente próximo – entenda-se família e amigos. Não há dúvida de que o círculo familiar, no qual também podem ser incluídos os amigos, tem uma repercussão decisiva na qualidade do envelhecimento e, nesse caso, na vivência de experiências de ócio. Estamos falando de um ambiente social significativo, que dá sentido a muitas das ações realizadas e preenche de significado os tempos de preparação e espera de momentos relevantes.

Finalmente, ainda que, segundo os estudos, com menor repercussão que os anteriores, aparece a educação em seus diversos graus. Parece-me, sem dúvida, que este não é um tema menor. A formação é algo essencial quando falamos do ócio valioso; é difícil amar o que não se conhece. É por isso que estou me referindo a uma educação que se inicia com o conhecimento, mas que não para nele, continua com o desenvolvimento de capacidades e a abertura para o universo inalcançável da aprendizagem. A aprendizagem não tem fim para quem mantém a curiosidade. De modo que na curiosidade e no afã da superação encontra-se o fundamento de uma formação que nos permite sentir-nos vivos ao longo de nossa existência e que tem uma excelente oportunidade para seu desenvolvimento durante a aposentadoria.

[49] Fernández-Mayoralas *et alii*, 2014.

Uma de cada duas pessoas aposentadas se interessa pelo ócio

Essas reflexões pretendem mostrar que nem todas as pessoas aposentadas, ou a ponto de se aposentar, estão preocupadas com o ócio e sua repercussão. Parece que ele não diz nada para metade das pessoas. Essa situação me preocupa, e não podemos ficar de braços cruzados. Acredito que todos podemos fazer algo: os médicos podem ajudar seus pacientes falando-lhes do ócio, e os pesquisadores, divulgando mensagens que ajudem essas pessoas a descobrir o vazio que têm na vida e do qual muito possivelmente não sejam conscientes. Também os que descobriram a importância de se dedicar a um passatempo podem ajudar divulgando isso. Todos podemos fazer alguma coisa.

Quando afirmo que existem pessoas despreocupadas com o ócio, não aludo somente àquelas que têm um perfil muito baixo de práticas de lazer, que aparecem com pontuação negativa nos estudos realizados. Refiro-me também a quem leva uma vida anódina, rotineira, na qual já se apagaram – ou quase – a curiosidade, a ilusão e a motivação vital. Aludo a pessoas que Lourdes Pérez Ortiz considera em seu estudo como parte de um estilo de vida "desvinculado e isolado"; mas também a quem vive um ócio eminentemente passivo, no qual assume o papel de espectador e não de ator.

Pérez Ortiz[50] assegura que a desvinculação e o isolamento acometem as pessoas aposentadas à medida que elas reduzem suas atividades, suas saídas de casa, e perdem o contato com outras pessoas. Estou convencido de que o ócio colabora e pode ser um âmbito decisivo para que essas circunstâncias não se produzam.

Matizes intermediários

Apesar do que afirmei, falar de pessoas com ócio ativo ou não ativo é algo diferente de dizer preto ou branco. Sabemos que, entre esses dois polos, existem muitos matizes. Os estudos nos indicam que o grupo de pessoas que consideramos ativas se compõe de diferentes tipologias de pessoas idosas caracterizadas por práticas de ócio com diversas potencialidades de desenvolvimento. Assim, o chamado estilo dos "passeadores" agrupa pessoas que, além de passear, têm práticas de ócio muito reduzidas do ponto de vista intelectual. O "estilo exterior feminino", caracterizado pela frequência de

[50] Pérez Ortiz, 2006.

compras e visitas à igreja, apresenta diferenças sociais e intelectuais que o orientam para um ponto de vista mais consumista e menos vital. Também os aposentados voltados exclusivamente a ajudar a família terminam descuidando de seus próprios interesses e do ambiente social, tão necessários para encontrar outros sentidos para a existência.

Definitivamente, do ponto de vista do ócio, a consideração do que é uma pessoa ativa requer maior precisão. Em traços gerais, direi que, nos diferentes estudos que conheço[51], pode-se apreciar a existência de algumas pessoas ativas, do ponto de vista do ócio, que se caracterizam por uma atividade de tipo físico, diferentemente de outras, que preferem uma atividade de tipo mais intelectual e cultural. Ambas são tipologias interessantes e, ao mesmo tempo, complementares. Iremos nos deter nelas nos próximos capítulos. O seguinte vai desenvolver a segunda questão que formulei no início deste: os modos de envelhecer relacionados com o ócio que mais me interessaram, os quais, penso, também serão do agrado de quem ler este livro.

Questões para debater

1. Com que tipologia de aposentados você se identifica: com a dos ativos ou a dos inativos? Justifique.
2. Alguém ajudou você a valorizar positivamente suas práticas de ócio?
3. Falamos do estilo de vida "desvinculado e isolado"; quais são os aspectos positivos e negativos dele?
4. Você conhece alguém que corresponda ao modo de envelhecer "passeador"? O que aconselharia a essa pessoa?
5. O estilo "exterior feminino" não é só característico de mulheres; que vantagens e inconvenientes você acha que ele tem?

[51] Leitner e Leitner, 2012; Cuenca Amigo, 2012; Cuenca Amigo *et alii*, 2014.

10. Modos de envelhecer positivos

Eu não gostaria de ser um aposentado que compra o pão, dá uma volta pelo parque e passa o resto do dia vendo televisão. Creio que muitas pessoas da minha geração pensam assim, mas a situação parece diferente para os que têm alguns anos a mais. Os estudos que comentei no capítulo anterior não inventaram os dados; recolheram suas informações em 2004, 2011 ou 2014, para citar algumas datas em que foram realizadas as pesquisas. A mim interessam os modos de envelhecer positivos, os grupos de pessoas que veem o envelhecimento como uma oportunidade. Mas uma oportunidade para quê? Tentarei responder à pergunta partindo dos resultados obtidos nos estudos comentados.

Os estilos sênior e social organizado

Volto ao livro de Lourdes Pérez Ortiz[52], em que se destacam dois grupos de pessoas idosas especialmente ativas. Ela os denomina "estilo sênior" e "estilo social organizado". Sua presença era notória no momento em que se encerrou a pesquisa; estamos nos referindo a mais de um terço da população total de idosos da Espanha. Entre os dois, o social organizado era mais representado, mas me parece menos interessante. Os socialmente organizados se caracterizam pela frequência de contatos com amigos e pessoas

[52] Pérez Ortiz, 2006.

de sua idade, em um marco mais ou menos estruturado e não ocasional: bares, clubes ou associações recreativas. Pode-se dizer que nos referimos a pessoas socialmente integradas que desejam se organizar. Por essa razão, pode-se considerar que têm uma participação social passiva ou, ao menos, dependente das iniciativas que lhes são oferecidas nos espaços institucionalizados que frequentam.

O caso dos idosos do estilo sênior me parece diferente. O estudo os caracteriza como pessoas muito ativas, que frequentam ofertas de ócio mais amplas e originais – tanto a programação dos clubes como a dos centros de diversão públicos e privados. É o estilo de envelhecer que tem maior frequência de práticas de ócio, exceto no que se refere a ver televisão, tarefa a que dedicam pouco tempo. Isso me chamou a atenção porque se trata de um grupo de pessoas inovadoras. Suas práticas de ócio são muito diferentes daquelas de seus pais. Pode-se dizer que estão em dia, que estão "antenadas", como se diz. Creio que não me importará unir-me a esse modo de envelhecer. De maneira que vou me deter brevemente no que fazem e em suas características.

A referência sênior

Na tipologia sênior constatam-se três características que podem nos ajudar. Começo destacando que são pessoas que têm um conceito positivo do ócio e o consideram uma experiência relacionada com sua autorrealização. A segunda característica é que, ao contrário dos demais grupos, em suas práticas de ócio não há distinções significativas em função do gênero. Tradicionalmente, isso nunca foi assim. A terceira é o carácter inovador que mencionei: quase todas as pessoas desse grupo tinham iniciado novas práticas de ócio durante a aposentadoria. É preciso especificar, antes de passar ao que fazem, que todas elas também estavam interessadas em manter uma boa saúde e melhorar o nível de instrução alcançado até o momento.

Em relação ao que fazem, em conjunto e de uma maneira geral, é o grupo de pessoas que pratica melhor o envelhecimento satisfatório. Isso, que pode parecer muito teórico nos primeiros capítulos, se torna realidade. Suas práticas de ócio mais destacadas têm a ver com o turismo, o esporte e a educação; mas também implicam ações de voluntariado, sair com amigos ou, de vez em quando, fazer algum trabalho ocasional. É interessante saber que todas essas práticas foram iniciadas depois da aposentadoria, sem que isso implicasse o abandono de passatempos que já tinham antes, como ler, ir ao cinema ou assistir a outros espetáculos. Podemos dizer, portanto, que a aposentadoria proporcionou a essas pessoas a ocasião de experimentar novas práticas de ócio que devem ser consideradas inovadoras. Não esqueçamos que inovar é um *plus* para uma pessoa idosa. Temos a tendência a repetir o que aprendemos desde crianças ou desde jovens, e, ainda que a possibilidade de descobrir novos âmbitos de ócio nos adultos se aproxime de 50%, o certo é que esse é um dado até agora muito distante da realidade vivida pelos aposentados.

Digo "até agora" porque a tipologia sênior nos demonstra o contrário. As pesquisas confirmam que o envelhecimento satisfatório tem relação direta com o grau de satisfação que experimentamos nos âmbitos em que nossa intimidade se desenvolve (relações pessoais, moradia e vizinhança), mas também tem a ver, em maior ou menor grau, com nossa formação. Isso explica por que o estilo sênior canaliza sua ideia de autorrealização por meio de atividades formativas e culturais, das quais fazem parte as viagens turísticas. Tudo isso sem esquecer sua saúde física, da qual cuidam por meio do esporte, nem seu contexto relacional, que cultivam graças ao trabalho voluntário, aos amigos ou à ajuda pontual em trabalhos de sua especialidade.

Conceito de ócio e estilo de envelhecimento

Do comentado até agora, sobressai um aspecto importante que eu quero destacar, mesmo que seja reiterativo. Trata-se da influência do conceito de ócio das pessoas sobre os estilos de envelhecimento aos quais finalmente nos inclinamos. Como vimos em algumas pesquisas[53], o ócio se mostra especialmente valioso para aquelas pessoas que encontram nele um importante sentido vital. A significação pessoal e a plenitude das vivências de ócio têm relação direta com a consideração do ócio como fim em si mesmo. Portanto, no estilo sênior destaca-se um conceito altamente positivo do ócio, que essas pessoas consideram um âmbito importante de autorrealização. Porém, o que acontece nos demais casos? A resposta eu nunca vi em nenhuma das pesquisas que enumerei até aqui, mas lembro de havê-la encontrado em um estudo sobre o envelhecimento ativo que realizamos no Instituto de

[53] Monteagudo, Cuenca Amigo e Bayón, 2014.

Estudos de Ócio faz alguns anos[54]. Nessa ocasião, em que foram estudadas diferentes pessoas representativas dos modos de envelhecer comentados antes, pudemos constatar o seguinte: os idosos que praticavam um ócio ativo personalizado, focado no esporte e/ou na cultura, tinham um conceito de ócio positivo e relacionado, como ocorre no estilo sênior, com seu desenvolvimento pessoal. Aqueles que se inclinavam para um ócio mais recreativo e socializado consideravam que o ócio era para eles, fundamentalmente, um modo de descanso. Os restantes, constituídos por aqueles que não tinham passatempos nem atividades de lazer definidas ou estáveis, afirmavam que não tinham nenhum preconceito em relação ao ócio, que na verdade o ignoravam ou que – este adendo é meu – seguramente o consideravam muito negativo e não o queriam dizer. De modo que, pode-se ver aqui, o conceito de ócio adotado tem suas consequências.

A título de síntese

A título de síntese final, podemos afirmar que existem alguns modos de envelhecer melhores que outros e que isso, em grande parte, depende de nós, da opção que fizermos. Vimos que existe um envelhecimento satisfatório real, praticado por pessoas que consideram importante aproveitar a possibilidade de ócio oferecida pela aposentadoria. Essas pessoas preferem práticas centradas no desenvolvimento físico, no caso dos esportistas, ou no desenvolvimento intelectual, no caso dos amantes da cultura. Mas essas duas opções não são excludentes; ao contrário, são complementares. A tipologia sênior nos mostra que é possível torná-las compatíveis entre si e com outras práticas relacionais e emocionais não menos importantes. Mas continuaremos refletindo sobre isso nos próximos capítulos.

Questões para debater

1. Qual é a diferença entre o estilo de vida sênior e o estilo social organizado?
2. Você acha que reúne as três características que definem o estilo de vida sênior?

[54] Lazcano Quintana, Madariaga e Doistua Nebreda, 2010.

3. Entre os seus passatempos, quais vêm de sua infância ou juventude e quais são novos?
4. Como você explica que o envelhecimento satisfatório tem relação com a formação da pessoa?
5. É importante que o ócio ativo seja equilibrado física e mentalmente? Justifique.

11. Contribuição do ócio para o desenvolvimento humano

Dediquei um tempo significativo a estudar o ócio na cultura grega antiga[55], e uma das muitas ideias que me surpreenderam foi seu ideal de desenvolvimento humano. Neste caso se trata de um ideal de pessoa, de uma meta desejada e próxima da perfeição. Para os gregos, nossa plenitude se alcança quando chegamos a desenvolver o potencial que temos dentro de nós. Mais que pensar na pessoa capacitada para ser útil às exigências que lhe faz a empresa ou a sociedade, como ocorre agora, trata-se de desenvolver as capacidades inatas que todos possuímos e elevá-las a seu grau ótimo e a serviço do bem comum. É evidente que o contexto era muito diferente do de hoje.

Um conceito vigente

Sem sentir nostalgia de tempos passados, que felizmente não vivemos, nem por isso vamos depreciar pensamentos e modos de entender a vida que continuam tendo vigência em nossos dias. Tal é o caso do conceito que acabo de lembrar, atualizado por Kant ao fundamentar o desenvolvimento na dignidade da pessoa[56]. Nele aparecem dois aspectos essenciais que interessaria não perder de vista. O primeiro é a potencialização de nossas capacidades;

[55] Segura e Cuenca, 2007.

[56] Kant, 1968.

o segundo, com uma importância similar, coloca-as a serviço do bem comum. O desenvolvimento de nossas capacidades é uma tarefa que termina com o fim de nossos dias. É, portanto, uma "obrigação vital" que devemos levar adiante da maneira mais grata possível. O bem comum nos dá uma pista sobre a direcionalidade do desenvolvimento.

Essa mesma mensagem, lida do ponto de vista do ócio, continua tendo atualidade. As pesquisas de Kleiber[57] ou Mihaly Csikszentmihalyi[58], que comentávamos ao tratar o potencial de nossos passatempos, asseguram que o desenvolvimento humano ótimo se produz quando duas capacidades básicas e complementares confluem: autonomia pessoal e integração harmônica com o ambiente que nos cerca. Duas metas insubstituíveis do ócio valioso. Também Howard Gardner[59] afirma que as pessoas não se desenvolvem simplesmente existindo ou envelhecendo, mas por meio de experiências essenciais que facilitam reorganizações periódicas do nosso conhecimento e da nossa capacidade de compreensão. Daí a importância dos processos educativos em relação ao desenvolvimento de passatempos complexos como a leitura, o gosto pelas artes, o conhecimento da natureza ou muitas manifestações esportivas.

Inteligências e experiências de ócio

Para Gardner[60], o desenvolvimento das inteligências múltiplas tem estreita relação com as experiências de ócio. A *inteligência linguística* facilita o gosto por escrever, ler, contar histórias ou fazer palavras cruzadas; a *inteligência lógico-matemática* ajuda na resolução de problemas, jogos de estratégia e experimentos; a *inteligência corporal e cinética* favorece o conhecimento através das sensações corporais. O autor afirma que esse tipo de inteligência se realiza em esportistas, bailarinos ou mediante os trabalhos manuais. A *inteligência visual e espacial* se fomenta com o desenho, os quebra-cabeças e os jogos de construção; a *inteligência interpessoal* (inteligência social) facilita as relações com os outros; e a *inteligência*

[57] Kleiber, 1999.

[58] Csikszentmihalyi, 2001.

[59] Gardner, 1994.

[60] *Idem*, 1995.

intrapessoal, associada às emoções e à vida interior, favorece o desfrute contemplativo e o aprofundamento nas experiências de ócio em qualquer de suas manifestações.

Anos depois, em seu livro *Mentes flexíveis*[61], o autor se refere à *inteligência musical*, associada à facilidade para perceber e produzir a música, o que permite apreciar a melodia, a harmonia e o ritmo, junto à capacidade de reconhecer variações de timbre, a tonalidade e a estrutura das obras musicais. Mais adiante se detém na *inteligência espacial*, que nos capacita para formar imagens na mente ou representações espaciais, com as quais podemos operar de formas muito diferentes. O autor dá o exemplo do jogador de xadrez, do escultor, do pintor ou dos desenhistas. Também alude à *inteligência naturalista*, que nos habilita para estabelecer distinções transcendentes no mundo natural e que, na atual sociedade de consumo, adaptamos ao reconhecimento do mundo dos objetos, uma característica relevante para os colecionadores.

Resultado da educação

A emergência de todas essas inteligências se torna possível por meio da educação do ócio. Por isso, a Organização Mundial de Lazer[62] afirma que o ócio é, entre muitas outras coisas, um dos principais recursos para o desenvolvimento pessoal e social. A educação é um trabalho fundamental na hora de reduzir as diferenças de *status* e de garantir a igualdade de oportunidades quando se busca a melhora da qualidade de vida. Isso nos leva a considerar que existe uma relação direta ente ócio, desenvolvimento e processo educativo. Não se trata de voltarmos à escola; a educação se torna realidade por meio de dois caminhos igualmente importantes: a autoeducação e a heteroeducação.

Na autoeducação, a responsabilidade recai sobre nós mesmos, e nossa curiosidade, motivação e nosso interesse são o que nos permite progredir, aprender novos conhecimentos e habilidades ou mudar de atitudes. O segundo caminho, a heteroeducação, não é menos importante. Trata-se de aprender guiado por outros, normalmente especialistas. Não devemos

[61] *Idem*, 2011.

[62] World Leisure and Recreation Association, 1994.

esquecer a importância que as chamadas aulas para idosos, assim como outros aspectos associados à sua aprendizagem, estão adquirindo em nossos dias. Em qualquer dos casos, o que importa é a formação e a aprendizagem, que são características próprias do ócio valioso. Graças a elas podemos dizer que o ócio valioso se relaciona diretamente com o desenvolvimento humano, ao nos introduzir em processos de aprendizagem que nos permitem progredir para além de onde estamos.

O sentido do que se faz

Dito isso, devo esclarecer que a educação e a aprendizagem não são os únicos modos pelos quais as experiências de ócio contribuem para o desenvolvimento humano. As pesquisas confirmam que existem outros que estão relacionados com o ócio positivo.

Convém lembrar o que foi comentado sobre as consequências de viver experiências positivas e satisfatórias expostas no capítulo 8. Ali foram vistas as contribuições da psicologia positiva e as consequências da espiral ascendente, de modo que remeto o leitor a relê-las. Agora, gostaria de acrescentar mais alguns aspectos que nos ajudem a compreender que as experiências satisfatórias contribuem para o desenvolvimento pessoal de diversas formas.

Uma delas é a ideia de que uma experiência de ócio psicologicamente satisfatória não é algo que aconteça sem mais nem menos. Se fosse assim, todo mundo preferiria determinados ócios, e não é o caso. Devemos ter em mente que o ócio só acaba sendo satisfatório para uma pessoa na medida em que se ajusta a seus interesses, circunstâncias e possibilidades. Isso nos mostra que a chave da questão não está tanto no que se faz como na relação estabelecida entre o que se faz e quem faz. Um ócio satisfatório deve ser livre e adequadamente escolhido, ao que se deve acrescentar uma motivação constante para realizar a tarefa necessária e certa organização para levá-la adiante. Refiro-me a um ócio experiencial que se desenvolve com o tempo, e não às vivências espontâneas.

As experiências de ócio nos dão satisfação e nos propiciam desenvolvimento pelas razões que acabo de assinalar, e porque a capacitação que elas nos proporcionam pode ser transferida para outras situações da vida. Isso é algo que também se consegue com o trabalho, os amigos, a família etc., mas esse fato não desmente o anterior. Ao contrário. Somos a mesma pessoa em diferentes situações e com as mesmas capacidades. Normalmente nos dá mais satisfação aquilo que mais nos custa e o que só conseguimos superando obstáculos. O ócio dos aposentados deveria ser considerado desse modo. As experiências de ócio valioso nos oferecem um meio, factível para todos, de ter acesso ao que Maslow[63] denominava "experiências de pico" e nós chamamos algumas vezes "experiências ótimas". Essa opção é um bem em si mesma, mas também temos de reconhecer que é um processo de desenvolvimento em função das capacidades que devemos fortalecer.

Superação de barreiras

Além dos aspectos positivos associados à melhora pessoal, que são os que destaquei até agora, também existem outros, aparentemente negativos ou menos positivos. Têm a ver com a própria função das experiências de ócio valioso, e eu quero assinalá-los antes de terminar este tema. Refiro-me ao ócio como superação de barreiras, um importante aspecto relacionado com as dificuldades que possam nos impedir de realizá-lo. Não é um assunto fútil no caso das pessoas aposentadas. Algumas vezes poderão ser dificuldades objetivas e externas; mas muitas vezes podem ser preconceitos, dificuldades que estão em nós, em nosso modo de compreender e enfrentar a vida. Recordemos o primeiro capítulo, quando nos referíamos a preconceitos e estereótipos.

O ócio valioso é um ócio que contempla o futuro, ainda que dê continuidade a outros que tivemos no passado e continuam despertando nosso interesse. Também pode ser um novo passatempo, vinculado aos interesses do momento em que se vive e que, para se tornar realidade, possivelmente demandará uma mudança de atitude ou a superação da barreira do "que dirão". Às vezes isso exige abandonar a comodidade e dar lugar à participação e ao compartilhamento. Tudo isso valerá a pena se, após o período de iniciação, abrirmos horizontes para voltar a viver outras satisfações. O desenvolvimento não está só no fato de avançar, mas também em retroceder, por isso é preciso tentar que cada dia se abra para a experiência do amanhã.

[63] Maslow, 1993.

Questões para debater

1. O que é mais importante: desenvolver as qualidades pessoais que todos temos ou nos preparar para responder às demandas da sociedade?
2. Em que medida o ócio pode ajudar ao bem comum?
3. Que tipo de inteligência você acha que o exercício de seus passatempos desenvolveu em você?
4. Deveríamos ser educados para o ócio valioso? Por quê?
5. Que barreiras de ócio são próprias da sua geração?

12. Ócio ativo

Estou consciente de que ainda não definimos o suficiente o ócio valioso propriamente dito, embora eu creia que ficou claro que se trata aqui de um ócio positivo e com um importante potencial de desenvolvimento humano. Por isso, a partir deste capítulo, vamos nos concentrar nas tipologias que aparecem com o exercício de um ócio valioso.

Será um modo de descer à rotina, o que estava faltando. Os tipos de ócio valioso sobre os quais vamos refletir não são generalizáveis, porque a situação de cada pessoa pode ser diferente, mas nos fornecem uma pauta, cientificamente comprovada, para nos orientar na prática. Comecemos falando do ócio ativo, que é fácil de entender, porém não tão fácil de praticar.

O que entendemos por ócio ativo?

O termo "ócio ativo" já apareceu em reflexões anteriores e, muito especialmente, quando tratamos dos modos de envelhecer. Ali eu comentava que não é tão fácil colocar o rótulo de ativo ou passivo no ócio que experimentamos, que entre o preto e o branco há muitos matizes. De fato, quando se estudam as categorias que aparecem nas estatísticas oficiais sobre as práticas de ócio dos cidadãos, é difícil não se surpreender com a simplicidade com que se trata esse tema. Um exemplo que posso dar é o do Instituto Basco de Estatística (Eustat), instituição que ajuda bastante os pesquisadores. Pois bem, se examinarmos o que ele entende como categoria de ócio ativo[64], veremos que se concentra na atividade física (esportes, passeios, caça e pesca) e, surpreendentemente, também nas práticas de ócio utilizadas no computador e na internet. Do lado oposto, encontramos a categoria ócio passivo, entendido como as práticas caracterizadas por uma pequena atividade física: ler, ver televisão, ouvir música ou rádio... Mas também se considera ócio passivo assistir a espetáculos, visitar museus ou participar de jogos de azar.

A primeira coisa que essas distinções me sugerem é saber se podem ser entendidas do ponto de vista da nossa experiência. Ao menos da minha, não; e, claro, muito menos a partir de uma proposta de ócio valioso. Para mim, o ócio ativo não é só o ócio "movimentado", que se traduz em atividade física ou em um contínuo estar fazendo algo, mas aquele que implica uma atividade mental. É o ócio que permite ter consciência do que fazemos, incluídas aí as consequências e emoções envolvidas em nossos atos. O ócio ativo é aquele que não se conforma com a comodidade, o mínimo esforço e o fato de lhe oferecerem tudo pronto, e por isso não aceita que desfrutar é fazer o que os outros, em geral a publicidade, lhe dizem que é desfrutar.

Ócio ativo é o ócio escolhido, desejado e querido, um ócio com o qual nos comprometemos. Não é, portanto, algo que necessariamente ocasione movimento que se note a um simples olhar, ainda que também possa ser assim. De fato, parece evidente que algumas práticas de ócio, como as esportivas, podem ser classificadas como ócio ativo; mas recordemos que nem sempre o esporte é praticado por motivações de ócio. Ou seja, a situação, de um ponto de vista objetivo, não é tão clara.

Ver um programa de televisão, um espetáculo ou um filme pode ser algo passivo ou ativo, em função da atitude, do interesse, da companhia, dos comentários. No ócio ativo, nós nos comprometemos, reagimos e colocamos algo de nós. Por oposição, ócio passivo é o que nos dão pronto, algo que vivemos como passatempo, que fazemos quando não existe coisa melhor, quando não há iniciativa.

A motivação como núcleo

O ócio ativo se relaciona com o que foi comentado sobre o envelhecimento

[64] Eustat, 2017.

ativo, mas a diferença está na motivação principal. Não se trata de fazer algo porque é útil para alguma outra coisa, mas da satisfação que se tem ao fazer o que se faz. Isso não impede que o ócio valioso também proporcione alguns benefícios para a saúde, a sociedade, a economia etc. Concordo com a Organização Mundial da Saúde quando ela afirma que as atividades física e mental são benéficas para o bom envelhecimento[65]. É verdade que, para fazer do último período da vida uma experiência positiva, temos de potencializar a autonomia e a saúde. Mas ambos os objetivos podem ser conseguidos de modo indireto por meio do ócio.

Volto a insistir em que ativo não significa apenas estar fisicamente ativo, mas é sinônimo de comprometimento e participação, seja em questões sociais, econômicas, espirituais, culturais ou cívicas. Por isso, também é uma meta do ócio valioso manter a autonomia (para controlar, enfrentar e tomar decisões sobre a vida diária) e, sem dúvida, cuidar da saúde. Sem levá-la em consideração, fica difícil o envelhecimento satisfatório. Como vimos em capítulos anteriores, o envelhecimento satisfatório se move no âmbito da ação gratificante de diferentes pontos de vista: do desenvolvimento positivo à prevenção, passando pela atenuação dos maus momentos e a superação de barreiras de ócio, fundamentalmente as de caráter psicológico.

Características essenciais

Uma das características essenciais do ócio valioso é a associação de atividade física e mental; e, também, que essas atividades sejam adequadas a cada um e inter-relacionadas. Sabe-se que as práticas de ócio que implicam atividade física moderada ajudam a atrasar o declínio funcional e reduzem o risco de doenças crônicas. Suas consequências redundam na melhora da saúde mental[66]. Em sentido contrário, as atividades de ócio baseadas na atividade mental influem fisicamente, contribuindo para o bom humor, a satisfação geral e inclusive para o esquecimento da dor[67]. O declínio do rendimento cognitivo tem relação com a falta de prática e a ausência de motivação, ainda que outros fatores também contribuam para isso. O ócio

[65] Organização Mundial da Saúde, 2002.

[66] Fernández-Ballesteros, 2011.

[67] Carstensen, Mikels e Mather, 2006.

ativo, se é autêntico, proporciona exercício e motivação. Ademais, quando as experiências de ócio são compartilhadas, promove-se a integração e o desenvolvimento social[68]. Não entendo por que quase não se fala disso, será por que não se conhece? O ócio tem um potencial inesgotável para prevenir doenças e desenvolver resistências, especialmente quando promove um exercício físico e mental com sentido, com motivação intrínseca. Isso, além de gerar experiências satisfatórias e positivas.

Reflexão e conhecimento

Em meus escritos[69], não me canso de repetir a importância que têm a reflexão e o conhecimento para o desenvolvimento de um ócio valioso. Isso também vale para o ócio ativo, uma experiência que nunca é contrária à observação pausada da vida, nem à contemplação. Eu diria que é bem o contrário, porque uma vida verdadeiramente humana é, ao mesmo tempo, ativa e contemplativa, reflexiva e intencional. Para desfrutar do que somos e temos, necessitamos ser conscientes disso, e essa tomada de consciência requer a reflexão sossegada. Mais que antagônicas, contemplação e ação são as duas faces de uma vida conscientemente vivida. De fato, Aristóteles[70], particularmente, pensava que eram essas as duas atividades superiores que possuíamos: a contemplação, orientada para o conhecimento teórico, e a ação, dirigida para a prática, para a ação ética.

Essas ideias me fazem lembrar que inúmeras pesquisas afirmam algo que é aplicável a qualquer idade e qualquer situação: que a prática do ócio ativo contribui para que haja uma maior satisfação vital, entendida como bem-estar físico, psicológico e social[71]. Com isso não quero dizer que seja uma tarefa simples, sobretudo quando à nossa volta predomina um ócio passivo e consumista. Mudar de um estilo de ócio passivo para outro, ativo, é mais complicado do que parece. Por isso, neste caso, costumo ressaltar o trabalho dos profissionais da animação sociocultural. Eles vêm realizando um trabalho muito louvável para o desenvolvimento de um ócio ativo entre as pessoas e as coletividades.

[68] Fratiglioni, Paillard-Borg e Winblad, 2004.

[69] Cuenca Cabeza, 2014a, 2014b e 2016.

[70] Aristóteles, 1993.

[71] Instituto de Mayores y Servicios Sociales, 2010 e 2011; Kleiber, 2012.

Questões para debater

1. O que é para você o ócio ativo?
2. É possível um ócio ativo exclusivamente físico ou mental? Explique.
3. Qual é a diferença entre ócio ativo e envelhecimento ativo?
4. Sempre existe correlação entre conhecer e fazer? Explique a resposta do ponto de vista do ócio.
5. Acha importante o trabalho de profissionais da animação sociocultural?

13. Ócio substancial

Começamos a utilizar o termo "ócio substancial" no Instituto de Estudos de Ócio, quando preparávamos as publicações apresentadas no VI Congresso Mundial de Lazer. Lembro que havia um artigo de Robert A. Stebbins[72] que devíamos traduzir, e a pessoa responsável me perguntou se a tradução mais adequada de "*serious leisure*" para o espanhol seria "ócio sério" ou "ócio substancial"[73]. Eu me inclinei por este último termo, porque me parecia corresponder melhor à essência da mensagem do autor. As pesquisas de Stebbins especificam que ócio sério, substancial, é aquele que os participantes acham tão importante e atrativo que acabam se empenhando na busca reiterada de sua satisfação, o que os leva a adquirir habilidades, conhecimentos e experiências que favorecem sua autossuperação. O autor assinala que tudo isso se produz com a prática de passatempos, seja de um modo amador, a partir do voluntariado, ou como simples *hobbies*.

Suas características

Por estar de acordo com as afirmações de Stebbins, parece-me que as práticas de ócio se transformam em substanciais no momento em que estão

[72] Stebbins, 2000.

[73] Em português, "*leisure*" poderia ser traduzido como "lazer", mas em espanhol a única tradução possível é "*ocio*", que significa tanto "ócio" como "lazer". [N.E.]

arraigadas, são exercidas de um modo reiterado e, ademais, carregadas de substância, de conteúdo, de significação. O autor especifica em seus inúmeros estudos que as características distintivas do ócio substancial são: perseverança, esforço, formação, benefícios duradouros, âmbito social e identificação[74]. A significação a que me referia antes não aparece, ainda que se possa relacioná-la com a identificação. Mas vamos por partes: perseverança e reiteração são aqui uma mesma coisa. Estamos nos referindo às práticas de ócio que aumentam com o tempo, que se repetem e que, graças à reiteração, facilitam o desenvolvimento de habilidades e novas aprendizagens. Isso nos permite falar do esforço, algo que pareceria alheio ao ócio e, no entanto, não é. Gostamos daquilo que nos custa, sentimos mais satisfação quando aquilo que conseguimos nos permite superar obstáculos.

O processo do ócio substancial

A superação de obstáculos exige formação, mas também proporciona aprendizagem. É frequente que as atividades de lazer levadas suficientemente a sério, como para se submeter a uma disciplina de formação, tenham padrões de compromisso comparáveis a ações realmente "sérias", como acontece com o trabalho. Isso indica que as experiências de ócio substancial não são alcançadas pelo simples fato de despertar interesse; elas requerem um cultivo posterior. O cultivo de passatempos é significativo para o indivíduo e fundamental para sua identidade na medida em que ele alcança níveis elevados de aptidão. Bryan[75] descobriu que, a partir do momento em que se desperta o hábito de fazer algo até que isso se transforma em um ócio substancial, passa-se por um processo que pode ser condensado em quatro níveis de especialização:

> 1. Principiantes – interessam-se em conseguir alguns resultados.
> 2. Iniciados – são os que começam a adquirir competência e se propõem outros desafios mais difíceis.
> 3. Especialistas – abandonam o genérico e se decidem por um interesse especializado.

[74] Stebbins, 1992 e 2004.

[75] Bryan, 1979.

4. Autoidentificados – pessoas que fazem de suas práticas de ócio um motivo de identificação.

Esforço contínuo

Stebbins descobriu em suas pesquisas sobre aficionados que esse tipo de ócio promove autoatualização, autoenriquecimento, expressão, regeneração e renovação do "eu"[76] – todos eles sentimentos de consecução que melhoram a autoimagem. A identificação por meio do ócio, que aparece no nível mais alto do ócio substancial, guarda uma estreita relação com tudo o que foi dito anteriormente. Lembro-me de ter lido nos estudos de Kleiber[77] que, à medida que reconhecemos nossas ações como próprias e as consideramos expressivas, ou seja, que as vemos como modos de nos expressar de um ponto de vista pessoal, mostramos interesses que se orientam para mudanças no sentido do "eu" e da identidade. Dito de outro modo, nossos passatempos se transformam em ócio substancial no momento em que os consideramos uma peculiaridade nossa, um traço de nossa personalidade. É o que acontece quando dizemos "sou um melômano" ou "um torcedor de futebol" ou expressões similares. Sabe-se que os dotes demonstrados em jogos e esportes, ou as atitudes favorecidas pela música, as artes plásticas, a interpretação, o canto etc., conseguem um peso significativo na identidade social e individual emergente de uma pessoa.

A possibilidade de desfrutar de um ócio valioso substancial se relaciona com a permanência no tempo, o esforço contínuo, a superação de situações imprevistas e a ascensão a novas etapas de ganho. Também é algo que nos abre para novos âmbitos de interação social e de pertinência. A prática de um ócio substancial nos introduz, se assim o quisermos, em organizações, redes e contatos sociais de grande importância. Graças a esse "mundo social" extraordinário, os aficionados alimentam seus interesses de ócio e fazem que permaneçam. Estou me lembrando, nesse caso, de pessoas que pertencem a um coro, a uma banda de música, a um grupo literário, a um clube de montanhismo, a uma reunião de arte... Enfim, que o ócio substancial não é nada estranho – ao contrário, nós o temos ao alcance da mão.

[76] Stebbins, 1994 e 2004.

[77] Kleiber, 2004; Kleiber, Walker e Mannell, 2011.

E não apenas isso: as pesquisas de Brown, McGuire e Voelkl[78] afirmam que existe relação direta entre a prática do ócio substancial e o envelhecimento satisfatório.

Ócio casual

Stebbins situa o ócio casual ou "pouco sério" no sentido oposto ao comentado até aqui. Ele se refere às práticas pontuais de ócio, àquelas atividades que oferecem uma recompensa imediata e não requerem treinamento específico para seu desfrute. O autor considera que, como experiências de ócio, são menos consistentes e não oferecem a possibilidade de comprometimento que caracteriza o ócio substancial. Eu também penso assim, do ponto de vista do ócio valioso, ainda que considere que essas experiências possam ser interessantes como geradoras de descanso ou compensadoras de situações não desejadas. Stebbins matiza a oposição entre ócio sério e casual ao reconhecer outro tipo de ócio baseado em projetos. Um ócio a curto prazo, realizado uma única vez ou ocasionalmente, mas que leva adiante um projeto criativo. Quer dizer, a diferença mais destacada entre as três tipologias recai no tempo de dedicação. Enquanto o ócio casual pode se associar mais ao consumo rápido, o ócio substancial, no qual também poderíamos incluir aquele baseado em projetos, deveria ser considerado como feito de experiências mais duráveis no tempo e com maior possibilidade de deixar um rastro.

A experiência como valor

Como dizia Bauman[79], a obsessão pela novidade, pelo novo, que caracteriza o mundo atual impede sua condição significativa. Impede também a memória e a experiência. Por isso, uma das conclusões a que poderíamos chegar é que o ócio se torna valioso na medida em que se reitera. Porém, não falamos aqui de reiteração como rotina, mas, ao contrário, como procedimento de superação necessário. As práticas relacionadas com o ócio substancial requerem conhecimento e vivência interior. Por isso, qualquer objeto ou qualquer lugar reúne potenciais de ócio valioso para quem saiba encontrá-lo.

[78] Brown, McGuire e Voelkl, 2008.

[79] Bauman, 1999.

Que potencialidades temos quando chegamos à aposentadoria? Creio que muitas. Cada um deve pensar nas suas, mas é certo que são muitas. Temos a herança de ócio deixada por nossa meninice, nossa juventude e nossa maturidade – três períodos vitais que podem ser reencontrados e reorientados, desde as capacidades desenvolvidas, os desejos não cumpridos, os interesses que despertaram em nós, as satisfações que nos proporcionaram ou o potencial de desfrute que se ampliou. Temos isso e muito mais, não tanto como fonte de nostalgia, mas como energia acumulada para reorganizar um presente maduro, orientado para um futuro promissor e pleno de ilusões.

Questões para debater

1. Você poderia comentar quais são seus ócios substanciais?
2. Que característica do ócio substancial lhe parece fundamental?
3. Em que nível, dos quatro propostos por Bryan, estão seus passatempos?
4. Você tem algum passatempo que considera parte de sua identidade? Explique.
5. Dê exemplos de experiências de ócio casual vividas por você e assinale os aspectos positivos e negativos que enxerga nelas.

14. Ócio lúdico

O tema deste capítulo me faz recordar minha infância. Onde ficaram aquelas risadas, aquela vontade de brincar a toda hora? O curioso é que agora, passados os anos, eu me pergunto se não seria conveniente tentar recuperar, adaptado à idade e às circunstâncias, algo do que aquelas brincadeiras nos proporcionavam. Nos últimos anos de profissão me interessei muito pelo ócio lúdico, dado que uma das questões de debate acadêmico é a diferença entre jogo e ócio. Podemos falar de ócio lúdico? Podemos considerar o ócio lúdico uma das opções do ócio valioso? Este capítulo tentará dar resposta a essas e outras questões.

Ócio e jogo

Para mim, o ócio lúdico é uma manifestação específica do ócio caracterizada pela vivência de experiências lúdicas, quer dizer, relacionadas com o jogo e as diferentes formas de entendê-lo, sejam de carácter físico ou mental. Como indicou Huizinga[80], o jogo é uma dimensão que nos abre um horizonte de vida "não séria", talvez porque nos possibilita experiências desembaraçadas e de transcendência limitada, ainda que nem por isso de menor interesse. O ócio lúdico é um modo de viver o jogo como diversão nas diferentes fases da vida. Daí que não seja algo exclusivo de nossa infância.

---

[80] Huizinga, 1987.

As ações lúdicas nos acompanham até o final da vida e promovem experiências associadas a valores, benefícios e atitudes em qualquer momento.

A dimensão lúdica do ócio assume como primeira função a diversão – função que se inicia com a separação mental do cotidiano, própria do jogo, e continua se concentrando em ações que distraem e escapam dos limites da realidade. Isso é algo que também vemos em outras manifestações do ócio, porque o lúdico é parte do substrato comum que existe em qualquer ócio, ainda que não seja seu aspecto mais específico. A dimensão lúdica é, como dizia Pedro Laín Entralgo[81], uma via de acesso a uma realidade diferente. Qualquer atividade do ser humano pode ser um jogo, e, ao mesmo tempo, pode-se chegar a qualquer realidade pela via lúdica.

Efeitos benéficos da experiência lúdica

A revalorização do jogo, efetivada por Schiller, Froebel, Spencer, Freud, Adler e Huizinga, entre muitos outros, permitiu pesquisar e descobrir os efeitos benéficos da ação lúdica e situá-la entre as atividades sociais mais importantes de nossa civilização. Schiller[82] afirmou que "o homem só é plenamente homem quando joga", uma frase que me fez pensar a primeira vez que a li. O certo é que, tradicionalmente, o jogo adulto tem feito parte da história e da cultura dos povos. Basta lembrar a evolução dos jogos de bola, dos jogos de azar ou dos jogos de competição. Também não se deve esquecer que os cassinos, as pistas de corrida, as loterias e as máquinas de jogo ocupam um lugar importante na economia do ócio de diferentes lugares e cidades.

O mundo do jogo é tão variado e complexo quanto os diferentes modos de abordá-lo: psicológico, sociológico, histórico, pedagógico, econômico etc. Mas não se trata disso aqui, e sim de ver a relação entre jogo e envelhecimento satisfatório. Lembro-me de que há alguns anos li um livro de Alain Cotta[83] que agora pode nos ajudar a orientar esta reflexão. Destacando o caráter competitivo de grande parte dos jogos, esse autor diferenciava os chamados jogos de corpo dos jogos de estratégia. Poderíamos considerá-los hoje como jogos orientados para o desenvolvimento físico ou o desenvolvimento

[81] Laín Entralgo, 1960.

[82] Schiller, 1963, p. 91.

[83] Cotta, 1980.

mental. No primeiro caso nos referiremos mais concretamente aos esportes – esse será o tema de reflexão do próximo capítulo. De modo que aqui nos deteremos no jogo em geral e nos jogos mentais em particular.

Delimitada a temática, comecemos refletindo sobre os benefícios que o jogo nos proporciona. Neste ponto, lembro que a maior parte da bibliografia que consultei, durante os anos em que lecionei uma disciplina chamada Jogo e Educação, coincidia em reconhecer que o exercício do jogo nos proporciona diversão, emoção, alegria, satisfação, liberação, superação e ressignificação da fantasia. Havia outros benefícios, mas esses são os que considero agora mais relacionados com o tema que nos ocupa. Sobre a diversão, já dissemos algo antes, por isso me detenho um pouco nos benefícios restantes.

A função básica do jogo

Norbert Elias[84] afirma que a função básica dos jogos é o fomento e o desfrute da emoção. Talvez se entenda isso melhor com um exemplo. Pensemos nos efeitos do futebol ou de qualquer jogo de competição em quem o pratica ou nos fãs que seguem a partida. Isso me traz à memória algumas afirmações de Víctor García Hoz[85], conhecido pedagogo da década de 1970 que encontrei por acaso em Madri em diferentes ocasiões. Ele assegurava que as duas formas fundamentais de diversão são o jogo e o espetáculo. O primeiro, dizia, se caracteriza por sua dimensão ativa, enquanto o segundo se caracteriza por seu caráter receptivo e passivo. Essa visão pode ser válida do ponto de vista físico, mas, do ponto de vista emocional, não serve no caso dos esportes a que me referia antes. Tampouco em outras situações.

O jogo nos aproxima do mundo de um modo diferente do que fazemos em nossa vida habitual, atribuindo à realidade uma significação diferente, em grande parte dominada pela fantasia. Por isso sempre defendi que os jogos não deveriam se limitar a uma única etapa da vida, mas fazer parte de nossa existência, proporcionando a parte de fantasia que a realidade vai nos roubando. Além disso, junto à fantasia, o jogo nos traz a oportunidade de viver a alegria, algo mais difícil a cada dia com os estilos de vida que

[84] Elias e Dunming, 1992.

[85] García Hoz, 1968.

levamos. Schiller afirmava que o valor da vida é maior na medida em que é mais profunda a alegria que se experimenta. O resultado do jogo é um estado de ânimo de alegre exaltação, algo que não parece possível na solidão. Quando jogamos livremente, ficamos bem. Satisfação e liberdade são dois elementos intimamente unidos ao jogo.

O jogo como ócio valioso

Além das emoções, dos valores e dos benefícios que oferece, o jogo é também uma maneira de vivenciar o ócio valioso, ainda que, pelo que entendo, isso não se aplique a todas as suas modalidades. Para mim, jogar com os netos é uma forma de experimentar o ócio valioso. Mas há mais: muitos dos jogos de adultos também têm relação com o desenvolvimento humano. Pode ser o caso dos jogos que utilizam estratégia, característica de vários jogos de mesa, ou dos jogos tecnológicos. Os jogos de estratégia se fundamentam na vitória de uma pessoa sobre outra, apoiando-se na inteligência. Esse é um procedimento próprio de muitos jogos mentais e de linguagem. Refiro-me aos jogos que têm um substrato comportamental próprio da guerra, orientados para se ganhar e ser vencedor. Em um primeiro momento, isso pode parecer estranho, mas, pensando melhor e admitindo respeitar algumas regras, pode-se ver também que são jogos que requerem esforço, preparação pessoal e conhecimento.

Os jogos de estratégia são benéficos para o envelhecimento satisfatório na medida em que têm um significado para o jogador e o animam a se superar. Nesse caso, podemos encontrar consequências como as expostas em parágrafos anteriores, às quais poderíamos acrescentar o fomento das relações sociais, o desenvolvimento da perseverança ou o desfrute da sensação de libertação. Isso significa que, partindo dos benefícios emocionais comuns a todo tipo de ócio valioso, a dimensão lúdica do ócio nos oferece a oportunidade de ter acesso a outros benefícios importantes para levar adiante uma vida com melhor qualidade. O perigo do jogo não está no jogo em si, mas no comportamento dos jogadores. A diferença entre fazer algo porque me agrada ou fazê-lo para matar o tempo é essencial. Essa distinção é fácil de achar nos jogos e também no uso que muitas pessoas idosas fazem dos meios de comunicação.

O jogo como risco

Esses raciocínios fazem pensar que nem todo ócio lúdico é ócio valioso. E assim é: os jogos têm o risco factível de se transformar em "paixões" negativas, deixando de ser ócio, e a paixão irrefreável é o que chamamos vício. Nesse caso, a chamada ludopatia. Nas práticas comentadas até aqui, o vício não é muito comum, mas também não é tão raro. Pensemos nos jogos de apostas, nos quais se sabe que ele é mais frequente. São os chamados jogos de *alea*. Jogos que dependem da sorte. *Alea* é o nome latino do jogo de dados que Roger Caillois[86], num livro clássico da pesquisa sobre os jogos, utilizou para nomear aqueles baseados na desigualdade dos jogadores. Nos jogos de azar, o resultado não depende daquele que participa, mas de outros elementos que escapam a suas habilidades e têm a ver com o destino. As possibilidades de triunfo são proporcionais ao risco, mas não às habilidades ou ao trabalho dos participantes.

Por não depender diretamente da habilidade do jogador, os jogos de *alea* não têm a ver com o desenvolvimento humano, de modo que podem ser uma mera diversão inofensiva ou uma prática daninha. Considera-se jogador patológico aquele que fracassa progressiva e reiteradamente em seu intento de resistir ao impulso de jogar, ainda que tal envolvimento lhe provoque problemas na vida pessoal, familiar e socioprofissional. Como dizia Caillois, o jogo só existe quando os jogadores têm desejo de jogar e jogam com a intenção de se divertir; daí que, para isso, é necessário que tenham liberdade para ir embora, deixando de jogar quando lhes aprouver. Essa liberdade, essencial ao jogo, não se contrapõe à limitação de respeitar algumas regras, pois o interesse que o jogo suscita se relaciona precisamente com a necessidade de intervir e tomar decisões dentro de alguns limites.

Os jogos de competição e os de *alea* conduzem a atitudes opostas. Enquanto os primeiros promovem a igualdade e o antagonismo entre pessoas ou grupos, os de *alea* potencializam a desigualdade, o risco, a fé no destino e no acaso. Parte-se de um equilíbrio entre risco e prêmio, mas o antagonista é a sorte. Especialmente nos jogos de *alea*, o acaso é o que indica o campeão. Também faz parte do jogo competitivo a vontade de ganhar, mas no caso dos jogos a dinheiro, o perigo se estabelece entre os jogadores e não tanto no jogo em si.

---

[86] Caillois, 1986.

Olhando para o futuro

Estamos no século XXI e tudo o que foi dito até aqui provém de conhecimentos experimentados em épocas anteriores. Os jogos tecnológicos, que hoje invadem a cena social, são mais do que só uma das primeiras atividades econômicas dos países contemporâneos – são também recursos para o desenvolvimento humano. O jogo tecnológico do século XXI está exigindo a especialização de numerosas profissões: médicos, jornalistas, psicólogos, educadores, seguradoras... Como usuários, também nós devemos nos abrir para os novos jogos e para os recentes aplicativos de informática, que nos permitem desenvolver, manter ou recuperar capacidades de que necessitamos para conseguir um envelhecimento satisfatório.

Nosso desafio agora é fazer uma pesquisa e uma leitura interessada desse ócio lúdico que nos é oferecido, para encontrar o potencial benefício que nos pode dar. Todos sabemos que existem jogos para pessoas idosas que são especialmente recomendáveis para potencializar a mente ou a agilidade mental. E também para manter e desenvolver a memória ou reduzir o estresse e a ansiedade. Eu poderia continuar enumerando um longo *et cetera*. Muitos desses jogos tecnológicos são divertidos e nos conectam à geração de nossos netos, com quem podemos compartilhá-los e aumentar nosso desfrute. E o melhor é que estão aí, em muitos casos ao alcance de um clique.

Deixei de lado os jogos esportivos, os jogos de imitação ou representação e os jogos de vertigem, porque nos próximos capítulos os veremos com mais calma e outros pontos de vista. Mas não quero encerrar esta reflexão sem lembrar algo que repito sempre quando trato deste tema. Algo muito importante que o jogo pode nos proporcionar é desenvolver uma atitude lúdica perante a vida. Cresci num contexto em que eram comuns a piada, o riso e uma visão "não séria" da vida. Essas capacidades lúdicas me ajudaram muito a relativizar os momentos difíceis e superar obstáculos. A atitude lúdica diante da vida não é questão de idade, depende de nós.

Questões para debater

1. Você poderia dizer se muitas de nossas diversões são realmente jogos? Explique.

2. Quais são seus jogos preferidos? Por quê?
3. Jogar sozinho ou com outros: o que é melhor, de seu ponto de vista?
4. Que emoções lhe causam os jogos de mesa?
5. Quando pode ser arriscado continuar jogando?

15. Ócio esportivo

Nunca fui esportista, mas estou de acordo com Haruki Murakami quando, em seu livro *Do que eu falo quando eu falo de corrida* (2010), chega a dizer que é muito melhor viver dez anos de vida intensos e perseverando em um objetivo do que viver esses dez anos de um modo vazio e disperso. O escritor se refere à corrida, que o ajudou a viver assim. Penso que qualquer esporte de que você goste pode conseguir algo semelhante.

Sei que a atividade física é benéfica para todas as pessoas, de qualquer idade, gozem de boa saúde ou não. Também sei que o exercício físico moderado e realizado com regularidade favorece o desenvolvimento da função motora (agilidade, equilíbrio, coordenação e velocidade de movimento), ajudando a manter e melhorar sensivelmente as capacidades funcionais. Isso permite frear o processo de deterioração próprio do envelhecimento e prevenir doenças.

Os benefícios da atividade física

A tudo isso é preciso acrescentar outras contribuições que as pesquisas sobre ócio esportivo vêm destacando há anos[87]. Cito algumas delas:

[87] Smith, 2010; Weineck, 2001.

- Redução de riscos de doenças cardiovasculares (coronárias, hipertensão arterial etc.), ao aumentar nossa capacidade aeróbica e nossa resistência.
- Potencialização da saúde dos ossos e dos músculos do esqueleto, ao repercutir sobre potência, força, resistência, função das articulações, flexibilidade e densidade óssea. Tudo isso favorece a prevenção de osteoartrite, artrose e fraturas ocasionadas pela osteoporose.
- Também se ressalta que a atividade esportiva repercute na saúde psicológica, ao favorecer as funções cognitivas e diminuir os níveis de depressão e de ansiedade.
- Ultimamente, presta-se muita atenção nos efeitos da atividade física sobre o metabolismo e o controle da obesidade. Além disso, do ponto de vista do sistema imunológico, indica-se que possivelmente ela nos protege de certos tipos de câncer.

Não vou continuar acrescentando evidências, ainda que pareça lógico indicar que os benefícios do exercício físico sejam maiores quanto mais elevado seja o risco de se produzirem as doenças mencionadas – algo que no período do envelhecimento é bastante habitual. Definitivamente, e para poder passar para outros aspectos do tema, devo dizer que as pesquisas nos confirmam a evidência de que tanto a atividade física genérica como o esporte refletem positivamente na saúde física e mental de quem os pratica.

Prática esportiva e ócio

Desejo enfocar o tema do ócio esportivo do ponto de vista do ócio valioso, e, por isso, não pretendo desviar meu relato para outros discursos, embora sejam igualmente interessantes. Tal é o caso das motivações das pessoas que praticam esporte por motivos diferentes do ócio, como a saúde, a estética ou a relação que podem encontrar entre a prática esportiva e o desenvolvimento do culto ao corpo. Não vamos entrar em nada disso, porque do meu ponto de vista o ócio esportivo só se relaciona com a satisfação que se sente ao praticar esportes, jogos e outras modalidades relacionadas com a atividade física. De modo que eu queria me concentrar nos aspectos que nos permitem entender que determinadas práticas de ócio esportivo fazem parte do ócio valioso.

Começaremos lembrando algo que já foi comentado: só entendemos por ócio as ações que fazemos livremente e porque nos agradam, ainda que saibamos que além disso são benéficas para a saúde, a estética ou outras. Não importa que essas também sejam motivações adicionais. Creio que fica claro: o ócio aparece quando faço exercício físico, algo que é conveniente e necessário, mas não faço qualquer coisa senão aquilo que me agrada e tem um sentido para mim. A partir daqui o tema se complica, porque sabemos que existem inúmeras práticas esportivas muito diferentes umas das outras: o que é que devo considerar? Como identificar que estamos diante de uma prática de ócio esportivo valioso para o envelhecimento satisfatório?

Nem todo ócio é esportivo

Se, como já assinalei, a motivação do ócio reside em fazer algo que nos agrada, parece evidente afirmar que só poderemos falar de ócio esportivo na medida em que a motivação principal que nos incita a realizar a ação de uma prática esportiva seja essa. De um ponto de vista lúdico, o sucesso do ócio esportivo se justifica pela emoção de participar de uma competição ou de viver uma experiência excitante. O esporte competitivo faz parte dos jogos do tipo *agon*[88]. No capítulo anterior, falamos genericamente deles, destacando que o que afinal importa ali é a vitória. Também lembrei que Alain Cotta[89] diferencia os chamados jogos do corpo dos jogos de estratégia. Os jogos do corpo são os primeiros de nossa vida e os mais antigos de nossa história – porém, sua importância e desenvolvimento aumentaram a partir do século passado. Os jogos de estratégia repousam em uma suposta igualdade, da qual partem alguns antagonistas que se enfrentam em condições iguais e permitem que um seja vencedor. Exigem esforço, preparação pessoal, conhecimento e o desejo de ganhar. Colocam a ênfase nos jogadores, nas condições de perfeito equilíbrio e na superioridade humana.

Em alguns casos, os jogos de *agon* evoluíram para o que Caillois[90] denominava *jogos de vertigem*. Muitas pessoas praticam esporte pela excitação e pela sensação de risco que lhes proporciona. Refiro-me a práticas esportivas

88 Jogos de competição, segundo a classificação de Roger Caillois. [N. T.]

89 Cotta, 1980.

90 Caillois, 1986.

que devem sua sedução a certas formas de excitação biológica. A emoção se produz ao vencer, por uns momentos, a tirania da natureza, o pânico do vazio, o prazer de realizar algo que parecia impossível ou muito difícil. É evidente que estou me referindo aos esportes de risco, em que as pessoas jogam, com seu corpo, por meio de e contra todos os elementos: a vela na água, a prancha na neve e o paraquedas ou similares no ar. À prova de força, que permanece, adicionam-se outros desafios e outras sensações: o equilíbrio, a duração, a agilidade, a elegância... Mas o esportista moderno não combate nu (como o grego), e sim equipado. O uso de objetos, as regras e precauções devem ser ensinados e atendidos. Exige-se um importante "aparato" educativo.

As limitações da realidade

O que foi dito até aqui nos indica que as possibilidades do ócio esportivo são quase intermináveis. São parte de um amplo leque que vai desde o exercício físico individual até a prática de esportes regulamentados, passando por atividades de todo tipo que nos permitem jogar na água, na neve, no ar, no mar, na montanha e em milhares de outras opções. Digo "opções" porque a realidade, para a maior parte dos cidadãos, é bem mais reduzida. Os estudos que realizamos nos últimos anos indicam que o esporte individual é a experiência de ócio lúdico mais valorizada, seguida das práticas de esporte em equipe e da audiência de programas esportivos[91]. As estatísticas indicam que, no caso das pessoas idosas, a prática de esporte individual vai aumentando, mas ainda predomina o consumo do esporte espetáculo que os meios de comunicação proporcionam. De qualquer forma, é importante resumir que, no caso das pessoas aposentadas, o passeio é a atividade física por excelência. Para mim, pessoalmente, parece uma excelente notícia porque é uma de minhas práticas de ócio preferidas.

Como identificamos o ócio esportivo valioso?

Até aqui comentamos a relação entre ócio e exercício físico ou esporte. Mas como identificamos as práticas de ócio esportivo valioso? Eu diria que, além da motivação, deveríamos considerar a ideia de esforço integral e suas consequências. Explico-me sucintamente. Quando digo "esforço", quero dizer que

[91] Cuenca Cabeza, 2014a.

o exercício físico é um modo de alcançar nosso desenvolvimento físico, algo que vai além do jogo entendido como puro entretenimento. Lembro-me da polêmica que se instalou com uma intervenção minha sobre ócio e esporte em um congresso. Um dos proponentes afirmou que deveria ser erradicada a ideia de sessões de atividade física com anciãos que só tenham como objetivo a sociabilidade e o jogo. Parte do auditório, gente com experiência prática, colocou-se contra, mas o proponente fez ver que os estudos empíricos confirmam a relação entre força muscular e habilidades funcionais em idosos. Ele considerava que havia um objetivo prioritário, que era aumentar a força e a massa muscular com treinamento conveniente. E isso exigia esforço e compromisso fisiológico, não bastava passar alegremente pelo desafio.

Passado o tempo, agora que relembro aquela história, considero que o proponente tinha razão. Sei, pela minha experiência, que existe uma relação entre idade e perda de massa muscular, pois, quando a massa muscular diminui com o aumento da idade, também diminui a força máxima. Mas também sei que tanto os homens como as mulheres de 60 anos ou mais são capazes de ativar sua massa muscular até chegar a uma força máxima. Isso quer dizer que o aumento de força e massa muscular que um bom treinamento proporciona facilita nossa independência funcional e, por consequência, nossa qualidade de vida. Não existe modo de conseguir nada sem esforço. Já nos referimos ao esforço ao tratar do desenvolvimento humano e do ócio substancial. Ao unir ambos os raciocínios, pode-se afirmar que o ócio esportivo se transforma em valioso à medida que desenvolve, mantém e evita a deterioração de nossas potencialidades físicas, o que exige esforço e constância por parte de quem realiza a ação.

Um ócio integrado

Considero que o ócio esportivo deve ser um ócio integrado nas ações próprias da vida cotidiana, e também integrado com outros ócios em que predomine o exercício da mente. Sobre o primeiro aspecto, devo assinalar que dados recentes indicam que cada vez mais se pratica esporte de uma forma cotidiana, e não só, como se fazia antes, durante os fins de semana e as férias[92]. Essa tendência, que começa a se notar também nos espetáculos

[92] Eustat, 2015.

esportivos, indica que o esporte está se configurando como atividade de ócio integrada na vida diária, com a conseguinte perda de sua conotação festiva. O "estilo esportivo" de ócio como modo de envelhecer, que se caracteriza pelo valor que se dá ao esporte e o tempo que se dedica a ele, não é incompatível com a idade, mas é importante ir adaptando-o às circunstâncias pessoais de envelhecimento.

Envelhecimento e atividade física

Finalmente, para confirmar que a prática do exercício físico ou esportivo é ócio valioso, eu gostaria de falar de algumas reflexões que fiz ao ler artigos de Miguel de Unamuno sobre o assunto. Eu as comentei em um congresso há anos[93]. Unamuno, partindo de seu conhecimento da cultura grega, tão amante do exercício físico e do esporte, afirmava que essas práticas permitem ter acesso ao conhecimento de nós mesmos, facilitam nossa harmonia vital e proporcionam bom humor e alegria de viver. É curioso que tudo isso tenha se confirmado empiricamente em pesquisas posteriores. Não comprovei isso em todos os casos, mas sim em alguns. A máxima "conhece-te a ti mesmo" não se refere só à vertente psicológica ou moral, como se costuma pensar, mas também ao conhecimento de nossas faculdades físicas. A pessoa que conhece seu vigor físico, diz Unamuno, tem uma inapreciável vantagem sobre as demais. Os gregos, convencidos da harmonia e da concórdia entre o corpo e o espírito, dedicaram-se a cultivá-los sem distinção e conquistaram os espíritos serenos, sãos, harmoniosos e bem equilibrados que fundaram as bases da cultura ocidental. A harmonia significava para eles o equilíbrio entre o desenvolvimento da mente e o desenvolvimento do corpo: nada regulariza mais o espírito e doma a imaginação do que um corpo forte[94].

Não me esqueço do envelhecimento. Ao tratar a plasticidade e o desenvolvimento humano, víamos que as possibilidades de melhorar não se detêm até a morte. Claro que nesse caso nos referíamos à mente, mas será que podemos cuidar da mente esquecendo-nos do corpo? Também não existe uma relação direta entre idade e a alegria ou o bom humor que, segundo

93 Cuenca Cabeza, 1998.

94 Unamuno, 1995.

Unamuno, o exercício físico proporciona. Ele mesmo dizia: "O melhor remédio para combater o humor negro, o *spleen* ou o aborrecimento é não só fazer algo, mas fazer algo corporal, distrair a mente e fazer o corpo trabalhar". Essas palavras continuam sendo atuais se as aplicarmos ao envelhecimento. Para o filósofo, ginásios, esportes e exercícios físicos organizados e conscientes são partes de uma mesma realidade. Esse exercício físico metódico, afirma, gera satisfação e alegria desinteressada, e algo mais, saúde e bom humor. O esporte é um prazer para quem o desfruta, e para os demais fica o espaço da atividade física, algo necessário, que acaba sendo ainda melhor a partir do horizonte do ócio.

Questões para debater

1. Que esporte ou atividade física você realiza com frequência? O que sente antes, durante e depois de realizar essa atividade?
2. Considerando suas limitações físicas e de saúde, que tipo de atividade física você deveria realizar?
3. O que seria para você um ócio esportivo valioso?
4. Quais seriam suas sugestões para conseguir um ócio esportivo integrado?
5. Dê sua opinião sobre as reflexões de Unamuno que aparecem no texto. Em que lhe parece que ele tem razão?

16. Ócio criativo

Ócio criativo é uma área pesquisada há anos do ponto de vista estético por María Luisa Amigo, minha esposa. Seu último livro, *Ocio estético valioso*[95], traz algumas ideias de profunda base teórica e prática que sempre tenho em conta em minhas reflexões. Nos diferentes escritos que publiquei desde o final do século passado, considerei que a dimensão criativa é uma manifestação específica do ócio caracterizada pela vivência de experiências relacionadas com a criatividade entendida em um sentido amplo e experiencial. O ócio criativo é um ócio automotivado, consciente, ativo, complexo e, ao mesmo tempo, lúdico. A pessoa que o pratica pretende, de algum modo, incrementar o valor e o sentido daquilo com que se ocupa. Diante da posse e da manipulação de objetos, tão características da sociedade de consumo, a experiência de ócio criativo coloca a ênfase na criação, transformando a existência em situações inéditas e intensas.

Um ócio cultural

O ócio criativo se associa habitualmente a diferentes modos de viver a cultura. Desde que comecei a estudá-lo, estou consciente de suas duas vertentes diferenciadas, criação e recriação. A criação se refere ao prazer de

[95] Amigo, 2014. [Trad. Rubia Goldoni. *Ócio estético valioso*. São Paulo: Edições Sesc São Paulo, 2018.]

inventar algo ou, simplesmente, de viver a experiência gratificante da criatividade. A recriação, palavra que significa dar vida, recriar algo criado, vem de compreender e reviver o processo criador e artístico das obras de arte. Também se refere ao prazer que nos invade ao descobrirmos o conhecimento. O ócio criador tem um caráter expressivo, com uma trajetória de dentro para fora. Permite-nos comunicar nossas vivências e nosso pensamento, manifestar nossa sensibilidade. O ócio recreativo é receptivo, produz-se graças à compreensão de uma mensagem exterior a que conseguimos acesso a partir do conhecimento, abre-nos para o significado da obra de arte e para seu sentido pessoal e cultural.

Ainda que as vertentes criativa e recreativa sejam essenciais para entender a inter-relação entre o ócio e as artes, a cultura e o conhecimento, aqui vamos denominar ócio criativo exclusivamente o que acabamos de chamar de vertente criativa do ócio. No capítulo seguinte me ocuparei da vertente recriativa, a que denominarei ócio cultural.

Esclarecidos esses aspectos conceituais, importantes para saber de que estamos falando, direi que, no nível coloquial, ócio criativo é uma parte do que na última Pesquisa de Hábitos e Práticas Culturais na Espanha 2014-2015 se conhece como práticas culturais ativas[96]. Ou seja, os tipos de atividades artísticas que os espanhóis realizam anualmente. Para refrescar a memória, direi que as atividades mais significativas são fotografia, com 28,9%, e pintura ou desenho, com 13,7%. Com menor porcentagem, aparecem: escrever (7,8%); atividades vinculadas às artes musicais (7,8% tocam algum instrumento e 2,4% cantam em um coro); e, finalmente, as relacionadas com as artes cênicas (2,2% fazem teatro e 4,9%, balé ou dança). É evidente que essas não são as únicas possibilidades, mas o resto tem pouco impacto social.

O ócio criativo desperta emoções e sensações

Na enumeração anterior, não aparecem as práticas criativas relacionadas com os meios audiovisuais ou tecnológicos, onde poderia estar classificado, por exemplo, meu *hobby* de montar e produzir vídeos familiares. De qualquer modo, creio que nos ajuda a entender uma tipologia muito importante

[96] Ministerio de Educación, Cultura y Deporte, 2015.

do ócio valioso, como é o ócio criativo. Sempre ou quase sempre que escrevi um livro ou um artigo, sentia que estava vivendo algo assim. Digo quase sempre porque não é a mesma coisa escrever algo que sentimos necessidade de fazer e nos introduz em um processo de conhecimento e expressão, fazendo-nos viver emoções muito especiais, e escrever algo que nos pedem, que já conhecemos em sua essência e não nos traz nada de novo. O ócio criativo é para mim tudo isso que acabo de assinalar: as emoções e sensações despertadas ao escrever, pintar ou desenhar, tocar um instrumento, cantar, dançar, representar, fazer um vídeo familiar, criar algo com as mãos etc.

Ao chegar aqui, detenho-me para responder a uma pergunta relacionada com o objetivo deste livro: o que tem a ver o ócio criativo com o envelhecimento satisfatório? Pois bem, a primeira resposta é que esse tipo de práticas de ócio, quando verdadeiramente o desfrutamos e nos interessa, é excelente oportunidade para dar sentido a nossos dias. Isso pode ser constatado por meio da experiência. Tenho exemplos recentes. Há poucos dias me encontrei com uma amiga já aposentada, e ela me contou que há dois anos está fazendo aulas de piano, algo que sempre tinha querido fazer. Comentava que no princípio foi muito difícil e que, ainda agora, o estudo reiterado lhe exige muito esforço. Porém, ela me dizia, vale a pena porque a satisfação que recebe em troca compensa tudo o mais.

Um vizinho, Luis, que encontrei ao sair de uma academia de pintura que existe perto de casa, me disse algo parecido. É que, contrariamente ao que em geral pensamos, essa espécie de prática não é exclusiva de meninos ou jovens, mas está aberta a todas as idades. Como repete Alfonso López Quintás[97], também a velhice e a senilidade podem e devem ser etapas ascendentes na vida humana, e não existe maior ascensão que chegar à maturidade espiritual no outono da vida biológica. Estou certo de que as pessoas mencionadas confirmam tais palavras.

É possível ser criativo durante toda a vida

Dito isso, parece evidente que a vivência do ócio criativo não é a mesma na etapa juvenil, com sua exuberância biológica, e no período vital que nos interessa neste livro, no qual os ritmos são mais sossegados. Mas isso não

[97] López Quintás, 2000.

impede que as pessoas aposentadas possam ter acesso às fontes de prazer, alegria e entusiasmo que nos oferece esse tipo de ócio. Há alguns anos, ao ler o estudo *Teoria dos sentimentos*[98], ficou gravada em minha mente uma ideia que o autor defende: ajudar a descobrir a vida criativamente (ócio criativo) é uma das maiores tarefas educativas no momento atual. Continuo pensando que essa afirmação ainda vigora. Eduardo Espina, poeta uruguaio, afirma que escrevemos poesia porque sentimos que temos algo a dizer, porque nos sentimos sós, porque nos apaixonamos, sentimos saudade, tristeza ou felicidade... Tudo termina em uma página, que nem sempre expressa isso com clareza, mas o texto que fica, acrescento eu, tem algo de redenção, de modelação muitas vezes imperfeita de um desejo imaginado que conseguimos reter.

O ócio criativo traz isso e muito mais. Minha amiga me dizia que tocava piano por paixão, porque amava o piano e sonhou poder tocar algum dia. E não só por isso, é que "com o piano posso expressar meus sentimentos e minhas emoções, além de me divertir, você não sabe quanto", ela me dizia. "As horas passam sem que eu sinta, pinto porque é alucinante", comentava Luis, "não posso expressar a alegria que o manejo das cores e dos pincéis me proporciona. Quando pinto, sinto que passo para outro mundo, que isso me desconecta do que me rodeia e permite que eu me expresse. Para mim é algo mágico arrastar o pincel pela tela e ver como se forma uma nova cor, é uma sensação mágica – ainda que nem sempre seja assim e que haja dias frustrantes. Mas logo me esqueço e não sei o que se ativa em meu corpo. O certo é que a pintura é para mim uma terapia antiestresse e, sem dúvida, uma vivência antienvelhecimento."

O ócio criativo é minoritário

Assim afirmam os estudos sobre "praticantes", palavra utilizada pelos pesquisadores norte-americanos para se referir a quem desenvolve um passatempo. Desgraçadamente, os passatempos relacionados com a expressão criativa não são os mais usuais. Tanto os estudos que temos feito sobre o ócio criativo[99] como as estatísticas nacionais que antes mencionamos in-

98 Castilla del Pino, 2000.

99 Cuenca Cabeza e Cuenca Amigo, 2014.

dicam que estamos diante de um ócio de minoria. A prática da fotografia cresceu muito desde que surgiu o telefone celular, mas os aficionados reais são em menor número do que parece. Sem dúvida, que belo passatempo! É uma de minhas tarefas pendentes para o futuro.

O ócio criativo é atualmente uma experiência de minorias, apesar de os resultados de nossas pesquisas mostrarem que é altamente significativo para quem o pratica[100]. Os dados que encontrei em diferentes estudos indicam que a percepção de satisfação daqueles que o realizam é maior na experiência de criação que na de recriação. Junto a seu potencial de proporcionar satisfação e bem-estar pessoal, presente também em outras experiências de ócio, um número significativo de testemunhos pondera que o ócio criativo proporciona autorrealização e libertação da rotina, assim como o relaxamento e a percepção da fugacidade do tempo, aspecto pouco frequente e menos mencionado em outras dimensões do ócio. Esses resultados, constatados em meus estudos, também se encontram em outras pesquisas estatais e transnacionais referentes à prática de atividades de lazer de dimensão criativa. Assim acontece em práticas relacionadas com a música, a literatura, o cinema ou outros meios de expressão audiovisual, além da pintura e das artes aplicadas. Também não se pode esquecer o potencial criativo dos trabalhos manuais, do artesanato ou da bricolagem.

Requer iniciação

É digno de nota que, ainda que as experiências criativas tenham um caráter expressivo e social marcante, são ao mesmo tempo, em boa parte de seu processo, experiências vividas solitariamente. Todas elas requerem uma iniciação mínima e uma aprendizagem intelectual e emocional que normalmente é associada à família e ao ambiente próximo. Fui descobrindo isso nas pesquisas que conduzi nos últimos anos[101]. Sem dúvida, a influência direta e indireta do núcleo familiar não impede a iniciativa própria, nem descarta a perseverança. O ócio criativo está associado a habilidades que sempre interessaram a quem as desenvolve e para as quais se tem um potencial natural.

[100] *Idem*, 2011.

[101] *Idem*, 2014b.

O ócio criativo nos permite cultivar capacidades pessoais que em geral não aproveitamos. O exercício da criatividade ressalta quanto é prazerosa e interessante uma atividade complexa. Lembremos o que comentávamos sobre os estudos de Csikszentmihalyi[102]. Ele entende que a criatividade é a forma mais simples de mudar espontaneamente a maneira como atuamos no mundo, como o contemplamos ou o pensamos. Mas isso não é coisa fácil; vivemos em sociedades onde o entretenimento maciço ocupa a maior parte do tempo livre, e, na medida em que o ócio se transforma em produto de consumo, seus vínculos com a criatividade desaparecem quase completamente.

Questões para debater

1. Você pratica algum tipo de ócio criativo? Em caso afirmativo, explique o que sente.
2. Do seu ponto de vista, o que tem a ver o ócio criativo com o envelhecimento satisfatório?
3. Conhece muitas pessoas que sejam criativas em suas práticas de ócio?
4. Todas as pessoas podem ser criativas? Como isso poderia ser possível?

[102] Csikszentmihalyi, 2001.

17. Ócio cultural

No capítulo anterior falávamos da diferença entre duas vertentes da dimensão criativa do ócio, aquela que tratamos pelo nome de ócio criativo e a vertente recriativa que abordamos agora. Lembremos que se utiliza o termo "recriativa" no sentido de recriar algo criado, compreender e reviver os processos criativos, artísticos ou culturais. A esse tipo de ócio chamaremos aqui de ócio cultural, porque, em um sentido genérico, ele se relaciona com a recriação e a transmissão da cultura. E, quando digo "cultura", estou consciente de que me refiro a um termo que tem diferentes acepções, todas elas com um modo de acesso comum, que é o conhecimento. O ócio cultural é um ócio valioso motivado pelo desfrute das diferentes expressões culturais, o que se consegue mediante o conhecimento, capacidade que repercute diretamente em nosso desenvolvimento pessoal.

Sobre o conceito de cultura

Antes de refletir sobre as experiências de ócio cultural mais usuais, convém esclarecer algo sobre as conotações da utilização do termo "cultura". Espero fazê-lo rapidamente. O desfrute cultural pode ser uma opção simples e, ao mesmo tempo, uma prática complicada e complexa, própria de iniciados. Depende do tipo de cultura a que estamos nos referindo. É simples, para cada um, conhecer e compreender a cultura antropológica a que pertence e onde transcorre sua vida cotidiana. Refiro-me ao modo de vida próprio de cada lugar, que tem suas marcas de identidade nos costumes tradicionais, no folclore ou nas festas, entre outras manifestações. Atualmente, essa cultura convive com outra, global, favorecida pelos meios de comunicação e pelas novas tecnologias, em que predominam as expressões multimídia (música, filmes, seriados...) e produtos em série que, graças a sua capacidade de captação e inovação, e com o auxílio da publicidade, tornam homogêneos os gostos do planeta. Ambas são culturas vivenciais, e estamos imersos nelas. São compreendidas contextualmente, como se fosse por osmose. Também é possível ter acesso a elas a partir do conhecimento.

Nesse contexto antropológico e cultural também está a cultura "erudita", por assim dizer. É formada por uma acumulação inalcançável de saberes aos quais se tem acesso por meio de processos de aprendizagem organizada e de uma adequada formação. A cultura científica nos introduz na aventura do conhecimento a partir da experimentação e dos procedimentos científicos. A cultura humanista tenta responder às grandes questões da existência humana. O acesso a essas culturas nunca é espontâneo; ele requer um conhecimento prévio, que se adquire a partir da educação. As culturas mencionadas são complementares e se encontram entrelaçadas na civilização que nos coube para viver. Todas elas são âmbitos propícios para as experiências de ócio cultural.

O ócio cultural de nossos dias

Tenho de dizer que, coloquialmente, o termo "ócio cultural" faz referência ao consumo de atividades associadas à oferta cultural do meio: música, livros, espetáculos etc. De tudo isso, faz tempo que temos dados. Os resultados da Pesquisa de Hábitos e Práticas Culturais na Espanha 2014-2015[103] indicam que as atividades culturais praticadas com mais frequência ao longo do ano, com taxas superiores a 50%, são: escutar música, ler e ir ao cinema. Seguem-se a visita a museus, exposições ou galerias de arte (39,4% da população analisada) e assistir a espetáculos ao vivo: concertos de música atual (24,5%) e teatro (23,2%). A partir daí, as porcentagens de frequência diminuem: assistir a concertos de música clássica (8,6%), espetáculos de circo (7,7%), balé ou dança (7%), ópera (2,6%) ou zarzuela (1,8%). Não creio que esses dados tenham mudado muito até os dias de hoje.

[103] Ministerio de Educación, Cultura y Deporte, 2015.

Anoto essas estatísticas para que tenhamos uma ideia do alcance das práticas que, por ora, seguem um ritmo ascendente. Sem dúvida, são apenas cifras, não indicam nada das características das experiências nem de seu potencial de valor. Para recriar qualquer manifestação cultural e desfrutar dela, não basta analisá-la de fora, é preciso descobrir, de algum modo, seus elementos essenciais. O desfrute nasce do diálogo que se produz entre a pessoa e as obras culturais. O prazer da recriação se torna realidade ao se descobrir a mensagem oculta em todo processo criador, seja científico, artístico ou antropológico. Você não pode desfrutar a leitura de um romance se não for capaz de recriar em sua mente a trama, os personagens e a mensagem que o livro transmite. O sentido das obras de arte não está só no conteúdo, mas também no que sugerem e no modo de expressá-lo. São expressões de um tempo e, simultaneamente, respostas a questões vitais universais. Por isso apresentam diferentes níveis de acesso e oferecem um desfrute maior para os iniciados.

Um desfrute complexo

As vivências culturais se separam do que é instintivo e do que é fácil, introduzindo-nos no desfrute de um mundo complexo, enriquecedor, satisfatório e humano[104]. Precisamente por isso se transformam em uma experiência psicológica complexa e em uma prática de ócio valioso. Há anos eu assinalava em meu livro *Ocio humanista*[105] que esse tipo de ócio tem em comum com outros o fato de proporcionar satisfação e percepção de liberdade. A diferença está em seu caráter reflexivo, consciente, de abertura e encontro com um mundo diferente. A recepção cultural e artística, entendida desse ponto de vista, requer uma atitude interior ativa, diferente da exigida pelo ócio criativo. Assim explica Jaime, o mais jovem de meus filhos, em um livro muito interessante sobre o valor da experiência de ócio na modernidade tardia[106].

O ócio cultural compartilha com o ócio criativo a capacidade de gerar satisfação e bem-estar pessoal, assim como o caráter formativo. Sua vivência proporciona conhecimento, autodesenvolvimento e autorrealização.

[104] Amigo, 2000.

[105] Cuenca Cabeza, 2000a.

[106] Cuenca Amigo, 2012.

Os praticantes advertem que seus conhecimentos são maiores que os de outros que não o praticam. Em muitas ocasiões, as pessoas que têm essas experiências percebem que sua sensibilidade aumenta, que a capacidade de compreensão dos acontecimentos se amplia e as torna mais flexíveis e respeitosas. Em muitos casos também se constata uma melhora na linguagem, na reflexão e em outros recursos relacionados com o desenvolvimento pessoal. A porta de entrada imprescindível para o desfrute do ócio cultural é a formação; por isso é importante nos determos para comentar algo sobre ela.

Importância da formação

Quando falávamos dos modos de envelhecer e do estilo sênior, ressaltei que a formação e a aprendizagem são práticas importantes desse novo modo de envelhecer. Na *web* da Associação Estatal de Programas Universitários para Pessoas Idosas pode-se ver que as 32 universidades espanholas associadas, mais 19 universidades não associadas, têm programas centrados no conhecimento e na aprendizagem voluntária, com caráter de desfrute. A situação é parecida no resto da Europa e ainda superior nos Estados Unidos. Em minhas últimas viagens para a América Latina, notei que também ali esse fenômeno está se generalizando. Em nosso instituto, iniciamos essa oferta para adultos em 1993, de um modo muito curioso. Um ano antes, fomos a um congresso europeu sobre "Ócio e nova cidadania", que teve um grande impacto mediático, e uma senhora recém-aposentada se apresentou em meu escritório dizendo: "Por que não organizam algo para pessoas como eu, que querem se aprofundar na cultura só como desfrute e desenvolvimento pessoal, sem nenhuma finalidade laboral?". Como resposta a essa demanda nasceu o programa Ócio Cultural Universitário.

Na atualidade, esse programa, que continua sendo desenvolvido em Deusto e também em vários municípios de Bizkaia e Donostia, tem o complemento de quatro programas novos, diferentes e com bastante sucesso. São todos cursos de acesso aberto, quer dizer, sem necessidade de titulações prévias. Pede-se apenas inquietude cultural, interesse e vontade de se aprofundar nos temas propostos. No perfil do público, homens e mulheres da vizinhança com idades entre 40 e mais de 90 anos, observa-se que desejam ampliar seu horizonte cultural e se abrir a novos meios de desenvolvimento intelectual. Os elevados índices de satisfação que suas avaliações refletem e a procura que se mantém em cada curso se explicam pelos "benefícios" experimentados pelas pessoas que os frequentam.

Bons resultados

A informação que se pode extrair dos inúmeros estudos que estão aparecendo sobre essas aprendizagens organizadas é que estamos diante de uma nova opção de ócio cultural[107]. Minha experiência com esses programas me levou a compreender que é um ócio muito importante para o bom envelhecimento. As pessoas comprometidas vivem isso como um modo de atualização e uma maneira de manter a confiança, a segurança e o autocontrole. A abertura para a aprendizagem se reflete diretamente em sua vida cotidiana, na resolução de situações que se estabelecem no dia a dia. Também facilita a compreensão do contexto presente, as relações sociais e a comunicação familiar. A aprendizagem como ócio permite que os idosos se sintam melhor e abram sua mente para a incorporação de conteúdos novos. As investigações indicam que, embora no início da velhice se coloque ênfase na atualização, para as pessoas de mais idade a aprendizagem é uma forma de autossuperação, de compensar o declínio experimentado com os anos.

Pessoalmente percebo que todos esses resultados são marcantes, e eu não pensava nisso fazia tempo. Hoje se sabe que a aprendizagem dos idosos não se orienta tanto para a aquisição de conteúdos como para a reconstrução da experiência pessoal. Daí que se transforme em uma experiência revitalizadora e plena de ilusões, em um trabalho psíquico de compensação. Isso eu pude escutar nos comentários das pessoas que procuram nossos cursos e nos testemunhos citados nas pesquisas sobre o tema. Anoto alguns exemplos:

> "Para mim, aprender, neste momento de minha vida, é uma experiência maravilhosa"; "faz com que eu me sinta viva"; "permitiu-me descobrir mundos que eu desconhecia e que estão me abrindo portas para um desfrute e uma satisfação que eu não esperava"; "para mim, aprender é algo que estimula mentalmente, me agiliza, me faz bem, sinto que meus neurônios funcionam"[108].

[107] Amigo e Cuenca Amigo, 2012.

[108] Cuenca, Monteagudo e Bayón, 2013.

Essas e outras muitas manifestações desse estilo fazem ver que a aprendizagem durante o envelhecimento é algo mais que um processo cognitivo. Ela se transforma em um modo de renovação, recriação e ressignificação identitária.

Pode-se afirmar que, com a satisfação de aprender, a pessoa idosa "remove" seus esquemas de autopercepção e seleciona os conhecimentos, as habilidades, aptidões e competências de que necessita para ampliar, modificar ou transformar seu desenvolvimento, reforçando assim sua integridade e sua própria identidade.

Um ócio formativo

Mas deixemos de lado a aprendizagem e voltemos à ideia de que o ócio cultural é eminentemente formativo. Com efeito, para desfrutar de qualquer uma das culturas que comentei com você no começo do capítulo, são necessárias uma formação inicial e uma abertura para a experiência, e tudo isso tem um fundo educativo. Explico: os programas de idosos que comentamos são um modo de viver experiências de ócio cultural e de aprender, mas não são o único caminho. Lembrei antes o que dizem as estatísticas. Nelas se vê, por exemplo, que as práticas criativas têm diferenças em função do gênero. Enquanto os homens preferem, quantitativamente falando, ver filmes ou programas culturais e, em menor medida, o colecionismo, as mulheres destacam, no consumo de ofertas culturais programadas nas vizinhanças, a leitura e os trabalhos manuais. Minha opinião é que, se essa é a situação mais generalizada, a verdade é que nos resta muito a fazer.

Sou grande defensor dos programas de aprendizagem de idosos, porque estes são realizados por profissionais eficientes, o que nos permite avançar em menos tempo nos conhecimentos que nos interessam. Eu mesmo assisto, sempre que posso, aos cursos que me atraem entre os programados pelo instituto. Sem dúvida, também defendo que existem outros modos de aprender e de se formar, que são igualmente importantes para o desfrute do ócio cultural. Em primeiro lugar, a autoformação, fundamentalmente por meio da leitura e da aprendizagem autônoma. Agora é mais possível que nunca ter acesso à informação, graças aos inúmeros recursos que se encontram na internet. Também não se pode esquecer a oportunidade de aprender com as pessoas que nos rodeiam, com os contextos e os recursos que a comunidade nos oferece: arquivos, bibliotecas, museus, centros de documentação...

A necessidade de ler

O ócio cultural não pode ser entendido sem o conhecimento, nem se entende este sem a leitura. Nunca esquecerei as tardes de leitura durante minha adolescência. Descobri o prazer de não poder deixar de ler um livro graças aos romances de Agatha Christie. A partir daí, abriu-se uma porta para que eu descobrisse mundos apaixonantes por meio dos livros. Ler, para mim, é quase tão necessário quanto respirar. Os livros me ensinaram a ver o mundo com outros olhos e me abriram um horizonte de entendimento sobre quem somos e para onde vamos. Sempre me agradou uma frase atribuída a Joseph Addison: "A leitura é para a mente o que o exercício é para o corpo". Hoje percebo algo relevante quando penso no envelhecimento ativo e satisfatório. Necessitamos continuar lendo e relendo. Ao ler um livro pela segunda vez você sempre encontra novas nuances. Essa é a magia do conhecimento humano, que evolui conosco. É um sinal de que continuamos vivos.

O ócio cultural nos situa em um âmbito de possibilidades que não tem fim. Qualquer das culturas pelas quais nos interessemos (seja tradicional, seja antropológica, popular, científica, humanística ou artística) abre um horizonte que nos convida a continuar aprendendo durante toda a vida. A chave não está na quantidade, mas na qualidade, em se aprofundar em qualquer um dos temas. Sou um defensor incondicional do ócio cultural. Agrada-me preparar as experiências que vou desfrutar, os concertos a que assisto, as óperas que vejo, os filmes e os romances que leio. Também desfruto ouvindo canções populares. E nada disso me impede de querer saber mais sobre as novas tecnologias ou de me interessar pela fotografia ou pelas produções de vídeo.

Ainda assim, devo reconhecer que não é tudo igual. As experiências artísticas nos permitem ter vivências de uma intensidade dificilmente equiparável. Como afirma Alfonso López Quintás[109], a arte, em qualquer de suas manifestações, se caracteriza por ter uma linguagem eloquente e dialógica, sempre necessita de alguém que dialogue com ela, seja criador, seja recriador. Essa característica a eleva ao nível da linguagem poética e a separa do plano meramente referencial. A obra de arte nos permite ter acesso a uma trama de sentidos que se entrecruzam e são fonte de expressividade. O ócio

[109] López Quintás, 1998.

cultural dialoga com o conhecimento e com a arte por meio das leituras, de qualquer tipo de leitura: dos livros, da música, dos quadros, das representações teatrais e de outras muitas formas que cada um pode ir descobrindo.

Questões para debater

1. Dos tipos de cultura que aparecem neste capítulo, qual lhe parece mais interessante do ponto de vista do ócio valioso? Justifique a resposta.
2. Você se lembra de alguma prática cultural recente que tenha lhe agradado muito? O que essa vivência lhe proporcionou, pessoalmente?
3. Gostaria de saber mais sobre algo que lhe interessa? O que você faria para conseguir isso?
4. Você conhece as opções de aprendizagem para idosos de seu bairro?
5. Qual foi o último livro que você leu? Gostou? Que características deve ter um livro para lhe agradar?

18. Ócio ambiental-ecológico

Neste capítulo, vamos refletir sobre um tipo de ócio do qual fazem parte as viagens, os passeios, as excursões ao campo ou à cidade, a caça, a pesca, o cuidado do jardim ou das plantas... É bastante coisa para tratar de cada uma exaustivamente, mas não é o que pretendo. Gostaria de me deter no que essas práticas têm em comum e no fato de que todas podem ser ócio valioso. Comecemos pelo nome: ócio ambiental-ecológico. Trata-se de uma palavra composta porque achei difícil encontrar outra que expressasse tantas ações possíveis como antes mencionei. Defini o ócio ambiental-ecológico em meus trabalhos acadêmicos como uma manifestação específica de ócio caracterizada pela vivência de experiências satisfatórias motivadas pelo contexto, no sentido de "estar" em um lugar e/ou um ambiente[110]. Refere-se, como indiquei, a experiências relacionadas à recreação ao ar livre, a viajar e desfrutar da natureza, seja de um modo contemplativo ou por meio de ações tais como esquiar, caçar, pescar, praticar surfe, etc. Algumas delas são vivências tão antigas quanto a humanidade, ainda que, pelo modo como são praticadas, quase todas sejam experiências recentes e modernas.

Um atrativo novo

Digo isso porque estamos diante de um ócio que se desenvolveu graças a uma mudança de mentalidade, a uma percepção diferente da natureza, das

[110] Cuenca Cabeza, 2000a.

cidades e da própria realidade. Algo que aconteceu à medida que fomos nos tornando urbanos, mas também graças ao desenvolvimento dos meios de transporte e de comunicação. De objeto do nosso receio ou dependência, em questão de poucos anos os ambientes naturais passaram a ser objeto de desfrute. Daí podermos afirmar que estamos diante de práticas de uma trajetória recente e, acrescento, com grande futuro. De fato, os estudos que temos realizado durante as últimas décadas mostram que, depois do ócio lúdico e esportivo, o ócio ambiental-ecológico é o que tem maior acolhida na atualidade. O contato com a natureza e as viagens são duas das práticas de ócio mais atrativas do momento, tanto para quem as realiza como para aqueles que têm dificuldades e as desejam, como é o caso de muitos jovens.

Precisamente porque nos encontramos diante de um tipo de ócio complexo e com inúmeras manifestações, não quero me perder entre esses meandros. O que nos interessa aqui é determinar a parte essencial da experiência e destacar os modos de aproximação mais relevantes do ponto de vista do ócio valioso.

Pois bem, o elemento essencial para o desfrute desse tipo de ócio é o lugar como referente, causa e orientação de uma práxis muito diferente, que tem o denominador comum da contemplação estética. Nesse sentido, lembro uma frase de Claudio Magris que utilizei em várias de minhas conferências: "Um lugar não é só seu presente, mas também esse labirinto de tempos e épocas diferentes, que se entrecruzam em uma paisagem e a constituem"[111]. A frase serve para um lugar natural ou humanizado, ou seja, alterado pela mão do homem em seu sentido mais genérico.

Características

Uma das primeiras características das experiências de ócio ambiental e ecológico a que nos referimos é que elas transcendem a realidade dos espaços físicos, transformando-os em lugares. É o que na pesquisa norte-americana se conhece como "*sense of place*" (sentido de lugar)[112]. Um espaço físico se transforma em lugar por meio da experiência pessoal e coletiva. Os lugares, diferentemente dos espaços físicos, adquirem sentido e significado ao serem

[111] Magris, 2008, p. 19.

[112] Ried, 2012.

nomeados, vividos, diferenciados – quando estamos conscientes do vestígio que o tempo e a história deixaram neles, quando geram processos de identidade e identificação. São as pessoas que percebem, identificam e significam o espaço, transformando-o em lugar com sentido para nós. A prática desse tipo de ócio mostra-se valiosa precisamente por isso, porque qualquer excursão, passeio ou viagem oferece a ocasião de incorporar a nossa vida novos lugares dotados de identidade. Desse ponto de vista, o lugar é definido pelo conhecimento racional e emocional que as pessoas têm de um espaço. São as experiências de quem o ocupa que tornam um lugar significativo. Essa significação adquire sentido graças ao conhecimento e às vivências.

Além dessa transformação vivencial, o ócio valioso que comentamos se caracteriza também por uma orientação estética, em geral junto à contemplação. Grande parte das experiências de ócio relacionadas com o ambiente têm um componente estético, ainda que seja em diferentes níveis de intensidade. O prazer fugaz de passar por uma paisagem de trem não é igual à sensação intensa que experimentamos diante da beleza de um pôr do sol ou da presença de um conjunto de monumentos, que desfrutamos calmamente. Isso porque a experiência de ócio valioso que nos ocupa se caracteriza por uma vertente contemplativa – uma vista que nos relaciona com a realidade como espectadores, a partir de uma perspectiva que busca o encontro prazenteiro.

Refiro-me a esse estado de ânimo que nos permite admirar tanto o natural como o artificial, abrir nosso conhecimento para o local e o longínquo, para os espaços próximos e para o mundo desconhecido. O ócio ambiental-ecológico nos facilita contemplar nossos ambientes naturais ou urbanos a partir de um horizonte de beleza e reconhecer seu valor como patrimônio. É um ponto de vista em que tiveram papel essencial as imagens da televisão ou dos filmes, grandes cúmplices desse ócio. As novas tecnologias também estão nos ajudando a ver as coisas de outro modo, trazendo informação e conhecimento *in situ* e algo mais, abrindo nosso ócio a novos espaços digitais e virtuais que apenas menciono, ainda que não possamos nos concentrar neles.

Natureza e desfrute

As ideias que comento agora me trazem à memória os estudos de Rachel e Stephen Kaplan referentes ao tipo de ócio de que tratamos. Eles asseguram que os benefícios que a natureza provê, do ponto de vista do desfrute, são intimamente relacionados aos valores estéticos[113]. A afirmação é transferível a boa parte do turismo cultural e também à motivação de seus turistas; mas o tema não termina aí, isso é só o começo. As inúmeras pesquisas empíricas que consultei nesses anos mostram que, além da beleza, as pessoas se aproximam do ócio ambiental-ecológico com a intenção de encontrar espaços de tranquilidade e sossego, e ainda desafio, aprendizagem, fuga do cotidiano e encontro consigo mesmas. Outras motivações aludem a benefícios indiretos relacionados à melhora e à manutenção da saúde física e mental, capacidade física, estética corporal ou outras questões mais específicas.

É frequente que os médicos recomendem a seus pacientes que se recolham por uns dias, se puderem, em lugares onde encontrem paz e sossego. Desde a Antiguidade sabe-se que certos lugares oferecem a oportunidade de recuperar e recriar as condições mentais e físicas deterioradas pelo ritmo acelerado ao qual nos submete a vida diária. É a chamada propriedade restauradora da natureza, um conceito cunhado por Stephen e Rachel Kaplan[114], ao qual eles dedicaram grande parte de suas pesquisas. Paz e sossego, sentimentos desejados que esperamos recuperar ao mudarmos de lugar. São os primeiros benefícios que desejamos que nos proporcione esse tipo de ócio.

O lugar como fonte de aprendizagem

Outra das possibilidades apontadas, que nos abre para o ócio ambiental-ecológico, é a aprendizagem. Qualquer lugar tem algo a ensinar e, por conseguinte, algo que possamos aprender. A aprendizagem proporcionada pelos lugares naturais ou culturais é uma possibilidade realizável tanto positiva como negativamente. Sua relevância dependerá do contraste com a realidade que vivemos em nosso dia a dia. Uma experiência turística facilita o encontro com a natureza, com bens patrimoniais e com outras culturas. A natureza, que é um elemento essencial em nossa vida, também é uma fonte inesgotável de surpresas, admiração e desfrute. Muitos dos lugares mais impressionantes do mundo se relacionam com o meio natural e os fenômenos naturais. O desfrute da natureza permite que nos renovemos,

[113] Kaplan e Kaplan, 1989.

[114] *Ibidem.*

recuperemos energias e nos sintamos novos. O encontro com pessoas de outras culturas nos leva a outras visões da vida e nos ajuda a ampliar o modo de entender o mundo em que vivemos. As viagens dão a oportunidade de conhecer pessoas com opções e ideias diferentes, economias, políticas, religiões diversas... É o que eu dizia, o ócio ambiental-ecológico nos convida a ampliar a mente, a mudar o olhar e compreender o mundo que habitamos, sua grandeza e sua precariedade.

Dito isso, não será estranho eu afirmar que as experiências de ócio ambiental-ecológico, além de nos proporcionar satisfação e bem-estar, são uma oportunidade de autorrealização e uma ocasião para sentir a percepção de liberdade. Foi o que detectamos nas pesquisas em que trabalhei, onde chegamos a constatar melhoras emocionais, físicas, sociais, comportamentais e cognitivas[115]. E essa foi a impressão de muitos dos idosos que entrevistamos. Essas mesmas pessoas dão um grande valor às viagens como oportunidade de compartilhar a experiência com a família ou o grupo de pares, assim como a possibilidade de conhecer gente nova, aprender a se relacionar com os outros, desenvolver a tolerância e a compreensão em relação aos demais ou poder praticar a solidariedade. Sabe-se que as pessoas que praticam e desfrutam com regularidade a vida ao ar livre são mais propensas a participar de iniciativas de conservação do mundo natural. Algo parecido se pode apreciar quanto ao cuidado e à conservação do patrimônio artístico e histórico.

Experiências complementares

Definitivamente, o ócio ambiental-ecológico concentra seu interesse na natureza ou nos lugares modelados pela mão humana sem que exista contradição em ambas as experiências, mas complementaridade. Ambos os modos de viver o ócio compartilham aspectos, benefícios e experiências comuns, que podem ser desfrutadas em contextos próximos (jardins, patrimônio local...) ou longínquos. Evidentemente, quando digo contextos longínquos não me esqueço da indústria do turismo, uma indústria que em geral confunde o termo ócio com diversão e entretenimento. Mas, na realidade, a diferença é mais uma questão nossa, própria dos praticantes. Somos nós que

[115] Cuenca Cabeza, 2014a; Ried, 2012.

devemos ter claro que não dá na mesma visitar um lugar ou outro, que não é igual aprofundar-se ou ficar na superfície, que o desenvolvimento pessoal não está presente em muitas das ofertas que nos oferecem. O turista experimenta o ócio valioso quando se sente protagonista ativo e goza do privilégio de viajar. O desfrute da viagem começa ao se tomar consciência de que viajar é um privilégio, já que nem todas as pessoas que desejam isso podem se permitir fazê-lo.

Viajar nos permite descobrir monumentos e patrimônios desconhecidos, mas também os lugares e as pessoas que os habitam, com seus valores, problemas e costumes. Penso que não é possível para nós apreender um espaço e transformá-lo em lugar sem torná-lo significativo. Isso se consegue tomando consciência do contexto geográfico, cultural e histórico a partir do qual seus habitantes interagem e contrastando-o com nosso ponto de vista e nossas circunstâncias. A relação do ser humano com a natureza e os lugares sempre foi, é e será um fato inseparável da experiência humana. O ócio ambiental-ecológico é, antes de tudo, um ócio experiencial.

Isso me faz recordar algo que certamente qualquer pessoa que leia este livro conhece. Refiro-me às chamadas "caixas de experiências", que podem ser adquiridas nas agências de viagens e em outros inúmeros comércios.[116] Essa bem-sucedida técnica de *marketing* comercial que foi se implantando desde o começo do século joga com o equívoco, porque na realidade são propostas de práticas que só chegam a ser experiências na medida em que as preparamos e as levamos adiante adequadamente. Ainda assim é preciso reconhecer que as novas tecnologias nos abrem possibilidades impensadas até agora. O encontro ambiental e ecológico pode ser uma realidade efêmera ou um ócio complexo que nos permita viver uma realidade plena. As imagens, os vídeos, os textos digitais, a informação em rede e outros muitos recursos a nosso alcance podem nos ajudar. A apropriação espacial do ócio abre a nossos olhos a evidência de um valor social e cultural emergente ao qual vamos nos incorporando pouco a pouco a partir do ócio valioso.

[116] Na Espanha, a "caja de experiencias" é um produto relativamente comum, ao contrário do Brasil, onde tem sido consumida por um público restrito, de alto poder aquisitivo. [N.E.]

Questões para debater

1. Quais são suas práticas favoritas de ócio ambiental-ecológico? E quais foram as mais recentes?
2. Como você interpreta a frase de Magris: “Um lugar não é apenas seu presente”?
3. Do seu ponto de vista, qual é a diferença entre um espaço e um lugar?
4. O que lhe proporciona o desfrute da natureza?
5. O que você aprendeu em suas viagens?

19. Ócio festivo

As festas nos fazem ver uma dimensão diferente da vida, por isso merecem atenção. Eu me lembro do que significavam para as crianças da nossa geração, especialmente as de cidade pequena. Passávamos o ano juntando moedas no nosso cofrinho infantil para poder gastá-las nesses dias. Algo assim acontecia no nível social: as pessoas estreavam os trajes da temporada, pintavam as casas e se esmeravam na limpeza das ruas e praças. É como se todo o tempo anterior florescesse nesses dias. Quebrava-se o ritmo habitual da vida e viviam-se momentos excepcionais. As casas se enchiam de familiares que vinham de fora, e a maior preocupação era atendê-los bem e apresentá-los aos vizinhos e amigos. Muitos leitores deste livro recordarão aqueles dias felizes e mágicos, quando o mundo que nos rodeava era outro.

A festa como ócio

Trago tudo isso à memória porque vamos refletir sobre o ócio festivo, e ainda que não seja habitual pensarmos nisso, a festa é também um modo de viver o ócio. Sempre me interessei pelo tema das festas. Os primeiros artigos que publiquei, quando comecei a estudar o tema do ócio, concentraram-se nas festas[117]. Depois escrevi um livro[118] e dediquei vários capítulos

[117] Cuenca Cabeza, 1987, 1993 e 1994.

[118] *Idem*, 2000b.

de *Ócio humanista*[119] ao mesmo assunto. E não parou aí, pois minha participação no VI Congresso Mundial de Lazer enveredou pela mesma direção. É que o ócio tradicional não pode ser entendido sem as festas: delas é que surgiu a maior parte das manifestações festivas, lúdicas e recreativas que temos na atualidade.

A questão que eu quero formular tem a ver com o sentido que isso tem para nós na atualidade. Não me refiro às festas do vilarejo em si, que felizmente continuam sendo celebradas, mas ao sentido da festa em nossa vida. O ócio festivo é importante para um envelhecimento satisfatório? Pedro Laín Entralgo afirma que a festa é a hora do ócio prazeroso e alegre, desse ócio extraordinário que quando crianças vivemos como parte das celebrações sagradas[120]. Pode-se dizer o mesmo após a aposentadoria? É possível que a pergunta tenha respostas muito diferentes, mas em que sentido? E por acaso não continuam acontecendo festas na nossa vida?

Um ócio extraordinário

Diferentemente da maior parte das outras experiências de ócio comentadas, que pudemos considerar como expressões de um ócio habitual ou cotidiano, o ócio festivo tem sua essência precisamente no contrário, em seu caráter extraordinário. A experiência festiva é uma das ações de ócio mais realizadas, ainda que nem sempre seja a que proporciona mais satisfação. Não convém confundir festa como fato social e fenômeno comunitário com ócio festivo, que se refere ao modo como se vive a festa, a vivência experiencial de caráter subjetivo.

Em escritos anteriores, especifiquei que o ócio festivo é uma manifestação social de ócio na qual se celebra algum acontecimento relacionado com a existência humana. As pesquisas mostram que a vivência festiva tem uma vertente comunitária na qual a tradição adquire um significado relevante, o que também ocorre com outra vertente de "celebração da vida", que se refere às pessoas próximas e à comunidade familiar e de amigos[121]. As festas têm sentido quando respondem a um porquê, que em nenhum caso é

[119] *Idem*, 2000a.

[120] Laín Entralgo, 1960.

[121] Cuenca Cabeza, 2014a; Pieper, 1984.

a diversão pela diversão. Dado que nossa experiência habitual responde à vertente comunitária, considero que talvez seja interessante nos determos na festa como celebração da vida.

As últimas pesquisas feitas no instituto destacam que as festas preferidas pelos idosos são as que têm um caráter familiar e privado[122]. Os dados que temos fazem pensar que, apesar de os acontecimentos pessoais serem importantes e festejados em todas as idades, o ócio festivo é vivido com um sentido marcado de celebração interior a partir da idade adulta. Isso não significa que o gosto pela festa comunitária desapareça, mas que perde boa parte de sua motivação, mais frequente na infância ou na juventude. Não acontece assim com as festas familiares. Com o passar dos anos, as celebrações associadas à vertente familiar continuam sendo vividas como momentos de ilusão, diversão, quebra da rotina diária e ocasião que desperta sentimentos e emoções de alegria, carinho e união. A mim parece que tudo isso é muito importante, que essas vivências se tornam possíveis e se potencializam porque os idosos são mais conscientes do efêmero da vida. As festas oferecem a oportunidade para tomar consciência disso, para descobrir que se vive um tempo extraordinário. São também momentos para viver um ócio experiencial, no pleno sentido da palavra. Gostaria de comentar um pouco de tudo isso.

Uma realidade comunitária

A festa, na condição de manifestação extraordinária e fugaz de ócio, só tem sentido quando compartilhada. É, antes de tudo, uma realidade comunitária, porque nunca é coisa de um só: temos que fazer festa com os demais. Esse caráter social e comunitário da celebração festiva nos faz ver um de seus benefícios mais reiterados, a abertura para os demais. Festejar com os outros implica uma aceitação do grupo e, por consequência, uma afirmação de identidade e pertencimento. Isso é válido tanto para a vertente festiva familiar como para a vertente comunitária e social, porque as festas fomentam e fortalecem a memória coletiva. E também porque sua vivência reiterada, habitualmente cíclica, favorece a significação e o fato de que possam ser vividas como experiências plenas.

[122] Cuenca Cabeza, 2014a, p. 331.

Quando digo experiência plena quero dizer que uma celebração não é, habitualmente, um fato espontâneo, mas uma vivência processual e profunda. Como afirmou Turner[123], a festa tem seus momentos diferenciados, tanto em si mesma como nos tempos que a precedem e lhe dão continuidade. São importantes a preparação, o desenvolvimento e a recordação. Não me estranha que muitas pessoas passem bem organizando eventos; são momentos em que se desfruta muito. Digo isso por experiência. As festas preenchem de sentido os esforços anteriores e o tempo gasto em compras, ensaios ou na organização. Por isso é importante que as pessoas que vão participar delas se envolvam; quanto mais, melhor.

Um tempo efêmero

Em uma experiência festiva não é preciso tomar consciência de seu processo temporal, porque uma característica específica da festa é a finitude do tempo. Isso é algo que não está tão presente em outras experiências de ócio. A celebração festiva é efêmera em si mesma, e ainda mais porque é assim percebida pelos que a experimentam. Essa vivência de fugacidade é um dos ingredientes que deixa uma grata impressão, por isso um indicador de que uma festa foi satisfatória é o desejo de repeti-la. De fato, a fugacidade própria do momento único não é incompatível com a reiteração. O tempo festivo não é retilíneo, mas cíclico, é um ritmo de eterno retorno próprio das festas tradicionais. Muitas festas pessoais, como os aniversários, também têm um caráter cíclico, que não significa o mesmo que ser "repetido". O passar dos anos traz adaptações, mudanças e um olhar diferente – outro modo de ver e de entender o que acontece conosco.

Há anos sabemos que as atividades preferidas pelos espanhóis durante o tempo livre têm a ver com dedicar-se às pessoas queridas, estar com gente que lhes importa, conversar, fazer algo junto... Pois bem, as festas são uma ocasião para isso e muito mais. As pessoas idosas precisam reforçar sua identidade e sua integração familiar e comunitária por meio das festas. Isso faz do ócio festivo uma experiência significativa e especial. É significativa porque está impregnada de emoções intensas, compartilhadas, condensadoras de momentos especiais. Daí a importância de cuidar dos detalhes que

[123] Turner, 1998.

ajudem a despertar emoções e permitam aflorar sentimentos de afirmação vital, nos quais não pensamos no dia a dia. Nesse sentido, deve-se entender o valor e a significação adquiridos pela música, as canções, os ritos, os presentes, a ruptura do convencional, o surpreendente e o espetacular.

Uma realidade com a qual se envolver

Apesar da inevitável presença da sociedade de consumo, que facilita tudo isso até extremos insuspeitados, minha proposta é que não percamos as rédeas, que não deixemos passar a ocasião de ser os motores dos diferentes momentos do processo de uma festa. A experiência humana é mais satisfatória quando é participativa. Por isso, as festas que organizamos, e nas quais nos envolvemos, podem ser consideradas um ócio valioso por excelência. É importante estarmos conscientes dos momentos de celebração da vida. Meu conselho a quem me lê é que não perca a ocasião de festejar qualquer coisa que valha a pena e tenha sentido, pois, como disse no começo do capítulo, as festas nos permitem viver uma dimensão diferente de nosso ócio e de nosso tempo vital.

Questões para debater

1. Com base em sua experiência, você afirmaria que as festas são ócio?
2. Quais são as festas que mais lhe agradam? Por quê?
3. Se você tivesse que escolher um momento do processo festivo (preparação, realização ou recordação), com qual ficaria?
4. Em que você gosta de se envolver quando organiza uma festa?

20. Ócio solidário

Deixei para o final a reflexão sobre o ócio solidário por sua importância e porque é um tipo de ócio que nem sempre se reconhece como tal. Também eu duvidei dele há alguns anos. Agora, depois de ter conhecido muitas pessoas idosas que encontraram sentido na vida ajudando os demais, eu levo isso muito a sério. O envelhecimento pode ser ainda mais satisfatório a partir da entrega e da ajuda aos outros. Fui comprovando isso em inúmeros casos concretos com que me deparei na hora de pesquisar. Alguns exemplos estão em meu livro *Ocio solidario*[124]. Também ficou claro para mim quando li Lúcio Aneu Sêneca, um grande sábio. Em suas *Cartas morais a Lucílio*[125], ele nos aconselha a dar sentido a nosso ócio servindo aos demais e ao mundo em que vivemos: aos mais próximos, comprometendo-nos com a melhora de nosso ambiente e ajudando a quem necessita; ao mundo em geral, colaborando para o esclarecimento da verdade e o progresso do conhecimento benéfico para a humanidade.

Uma experiência gratificante

Em importantes pesquisas realizadas sobre o ambiente que nos cerca[126], assim como nas que realizei pessoalmente, constata-se que muitas pessoas que

[124] Cuenca Cabeza, 2005.

[125] Sêneca, 2001.

[126] López Paz, 2014; Gobierno Vasco, 2012; Instituto de Mayores y Servicios Sociales, 2009.

dedicam parte de seu tempo a ações de voluntariado têm dificuldade para admitir que sua atuação gratuita, livre e satisfatória possa ser classificada como experiência de ócio[127]. Ao contrastar essa mesma ideia com outras pesquisas a partir do ponto de vista da motivação, pudemos ver que, tanto em umas quanto em outras, a maioria dos voluntários não estavam dispostos a continuar fazendo o que faziam se a experiência que tinham não era satisfatória. Isso significa que, ainda que por diferentes razões tenha sido menosprezada a importância do elemento gratificante nas experiências de voluntariado, esse é um aspecto essencial que deve ser considerado à margem de tópicos e tendo em conta as contribuições dos estudos de ócio.

O ócio solidário é uma experiência em que as vivências satisfatórias estão motivadas pelo fato de ajudar "o outro". Essa característica essencial determina que a solidariedade seja o núcleo das experiências solidárias e que estas encontrem sua razão de ser nos valores. A experiência de ócio solidário pode ser ócio, independentemente do âmbito de intervenção; mas, para que assim seja, são necessárias uma atitude especial e uma vivência de liberdade, gratuidade e satisfação por parte do sujeito. O ócio solidário compartilha alguns requisitos mínimos com a ação que os voluntários realizam – liberdade, altruísmo e o benefício dos outros –, e torna-se realidade por duas vertentes: por meio de experiências solidárias afins ao ócio e de experiências de ajuda associadas à justiça social. Ambas as vertentes se relacionam com os âmbitos de atuação e as instituições onde se realizam.

As vertentes solidárias do ócio

A vertente afim ao ócio predomina em centros educativos, esportivos, culturais e ambientais, enquanto a vertente centrada na justiça social sobeja em paróquias, hospitais, lares de idosos ou centros especializados. Em uns e outros, o objetivo dos voluntários é a realização de ações relacionadas com o apoio ao outro, portanto as duas vertentes são igualmente válidas como experiências solidárias. Ainda assim, poderíamos pensar que, na vertente associada ao ócio, os destinatários podem ter maiores possibilidades de satisfação, especialmente quando se trata daqueles voluntários que ensinam ou transmitem a outros seus próprios interesses. Esse pode ser o caso do

[127] Cuenca Cabeza, 2003.

músico que ensina a tocar um instrumento por amor à arte ou de uma visita a um museu guiada por um voluntário. Em qualquer tipo de ócio, encontramos pessoas que fazem algo assim, ainda que a prática institucionalizada do ócio solidário continue sendo escassa. No último estudo realizado na Comunidade Autônoma do País Basco, fala-se em 8,6% da população. O caráter minoritário seria, ao menos no momento, outra característica dessa experiência a partir de um ponto de vista social.

O ócio solidário é uma experiência minoritária quando se trata de práticas com pessoas estranhas, alheias ao âmbito familiar. Normalmente ele se materializa quando o voluntário de ócio opta por colaborar com uma instituição ou outra, e isso não se faz ao acaso. Sabe-se que nessa escolha influem a proximidade, a afinidade ideológica, a equipe humana da organização e seu sistema organizador. Também não convém esquecer a repercussão de outras pessoas voluntárias conhecidas, a proximidade física dos centros ou o horário em que se desenvolvem as atividades.

Características

A partir daí, os estudos afirmam que as experiências de ócio solidário se caracterizam pela fidelidade e pela reiteração. A taxa de permanência e dedicação às ações e organizações de voluntariado é muito alta. Isso indica a consistência do trabalho voluntário e a fidelidade às instituições em que ele é realizado. Também é um índice do alto grau de satisfação da experiência, para o que contribui o "ambiente humano" próprio desses contextos, considerado uma peça fundamental para explicar a permanência. As ações altruístas e solidárias são as que proporcionam maior grau de satisfação, se as comparamos com qualquer das práticas de ócio anteriormente comentadas. O paradoxo é que sejam as menos praticadas.

O ócio solidário é a experiência em que se pode falar com mais propriedade de alguns benefícios pessoais, centrados em quem realiza a ação, e outros benefícios sociais, atribuídos às pessoas e às comunidades beneficiadas. Sobre os benefícios pessoais, acabamos de lembrar a intensa satisfação que os voluntários sentem. O alto grau de satisfação dos voluntários é uma percepção que se constata de forma generalizada, independentemente de sexo, idade, tipo de tarefa ou tempo que levem exercendo a atividade voluntária; mas esse não é o único benefício percebido.

Benefícios pessoais e sociais

Nas pesquisas que realizei[128], descobri que os voluntários também ponderavam outros aspectos: a realização pessoal; sentir-se útil; comunicar-se; conhecer gente; fazer amigos; aprender a compartilhar, a valorizar, a escutar; ocupar o tempo livre; manter-se ativo... Outros resultados concretos, resenhados em menor medida e segundo o tipo de ação realizada, foram: ter a possibilidade de devolver à sociedade algo recebido anteriormente; colaborar para se alcançar um mundo melhor; viver motivado e mantendo ilusões; sentir-se apreciado e reconhecido; esquecer-se dos próprios problemas; tomar consciência do que nos rodeia; e um longo *et cetera*, cada vez menos significativo. Todos esses benefícios, de caráter predominantemente emocional, comportamental e social, têm maior ou menor repercussão em função das circunstâncias pessoais dos voluntários e da idade.

Dito isso, convém não esquecer que no ócio solidário são igualmente importantes quem realiza a ação e "o outro" que a recebe. Ou seja, a tudo o que se disse anteriormente seria preciso acrescentar o benefício social do trabalho voluntário, uma ação que facilita o desenvolvimento de um ambiente social positivo e que, indiretamente, contribui para o bem-estar de todos. Ademais, no momento atual, com a ajuda das novas tecnologias, é uma ação que pode ir além da proximidade geográfica. Temos a possibilidade de realizar o ócio solidário pela internet. Esse tipo de solidariedade é algo que me interessa pessoalmente, porque constatei que também a afiliação a comunidades virtuais pode gerar sentimentos de pertencimento e bem-estar.

Um ócio substancial

De tudo isso se deduz que estamos falando de algo muito sério, de um ócio substancial. Algo que não se refere só ao voluntariado que se desenvolve em organizações especializadas, mas também ao voluntariado não oficial, à ação voluntária em geral. Diferentes pesquisas registram resultados similares aos conseguidos com a ação voluntária organizada. Concretamente, no *Informe sobre o estado do voluntariado no mundo em 2011*[129], afirma-se que as redes de apoio social – família, amizades, igrejas e vizinhos – contribuem

[128] *Idem*, 2005.

[129] Programa de Voluntários das Nações Unidas, 2011.

para a satisfação vital e a felicidade das pessoas, tanto daquelas que recebem o apoio como de quem o dá. Não é disso que estamos falando?

Dito isso, convém acrescentar que não podemos falar de afirmações absolutas. Não podem ser classificadas como ócio todas as ações voluntárias orientadas a ajudar os demais; mas é evidente que o ócio solidário é possível e é um âmbito propício para encontrar a satisfação e contribuir tanto para o desenvolvimento de quem o pratica como dos demais. Ajudar os outros livre e voluntariamente não é só uma prática de ócio possível, mas, segundo Jensen e outros pesquisadores[130], pareceria ser uma forma de ócio superior. Ainda que toda ação de voluntariado chegue a ser uma experiência feliz, não cabe dúvida de que muitas pessoas sentem satisfação realizando atividades que beneficiam os outros. A solidariedade em geral e a prática de um ócio solidário em particular permitem pensar em um mundo mais humano, no qual cada pessoa e cada grupo social possa afirmar sua própria dignidade.

Uma esperança possível

Não creio ser um idealista quando afirmo que a reflexão sobre ócio e ação solidária abre novas possibilidades para abordar o crescente individualismo que predomina nas experiências de ócio das sociedades modernas. O ócio solidário permite recolher a energia individual dispersa para colocá-la a serviço de uma ação coletiva e transformá-la em energia social. O fomento da ação voluntária, a partir de uma perspectiva cidadã, contribui para uma convivência social mais harmônica e gera redes de solidariedade, de ajuda mútua e reivindicação de direitos. O ócio valioso é um deles. Eu me pergunto se nós, que temos tido a opção de ajudar os demais por meio de nossa profissão e do trabalho realizado ao longo da vida, pensamos que é possível continuar a fazê-lo como ócio. Essa é uma questão que também me coloco, e para a qual espero logo encontrar resposta. O ócio solidário é um tipo de ócio valioso que não se pode ignorar.

Questões para debater

1. O ócio solidário é possível? Justifique sua resposta com exemplos.

[130] Jensen, 1995; Gutiérrez Resa, 2000.

2. Que vertente do ócio solidário você considera mais importante, a que promove experiências de ócio ou a que proporciona ajuda a necessidades sociais?
3. Por que você acha que os voluntários são tão fiéis e constantes quando se comprometem com alguma instituição?
4. Se a prática do ócio solidário é tão satisfatória para quem a realiza, como afirmam as pesquisas, por que você acha que existe tão pouca gente comprometida com o voluntariado organizado?
5. Que ideias lhe ocorrem para melhorar o seu entorno por meio do ócio solidário?

Epílogo

Aqui terminam os temas que selecionei para tentar alcançar o objetivo que propus no início: mostrar que o ócio valioso nos ajuda a viver melhor e, sem dúvida, nos conduz a um envelhecimento satisfatório. Este epílogo tenta dar uma visão de conjunto do que foi tratado aqui com a finalidade de diferenciar os aspectos comuns e específicos dos ócios apresentados. Para isso, vou me valer dos indicadores, termo frequente nas pesquisas atuais. Os indicadores do ócio valioso que destaco a seguir apareceram de forma dispersa nos capítulos do livro. São ideias sintetizadas aqui porque considero que esclarecem a mensagem central. O ócio valioso será uma realidade para cada um de nós na medida em que optemos por ele e que ele responda a nossos gostos e nossas expectativas; mas, além disso, as pesquisas realizadas nos ensinam que ele tem algumas características que nos ajudam a saber, de modo mais objetivo, se estamos na direção adequada.

As escalas de valor

Falar de ócio valioso de um ponto de vista prático é algo mais complexo do que diferenciar um ócio positivo de outro negativo. Por isso é importante proporcionar pautas que permitam distinguir os diferentes níveis de valor das experiências de ócio benéficas. Contribuem para isso as obras de dois pesquisadores norte-americanos, Jay Bryan Nash e Martin E. P. Seligman[131], que,

[131] Nash, 1953, 1960; Seligman, 2003.

entre os muitos que têm se ocupado do tema, oferecem ideias especialmente sugestivas nessa direção. Nash tratou de responder à questão dos níveis de valor depois de comprovar que inúmeras atividades recreativas proporcionavam resultados positivos que não tinham a mesma incidência e qualidade. O autor terminou sintetizando que, para determinar o nível de valor, os fatores decisivos são a atitude da pessoa e seu compromisso com a atividade. A partir daí, propôs uma primeira escala de valor do ócio que permite avaliar a participação dos indivíduos e, por consequência, o próprio ócio.

No primeiro nível dessa escala, Nash situou a simples diversão e o entretenimento, que seria algo como as práticas de ócio que habitualmente realizamos sem nos comprometer emocionalmente: ver televisão, ouvir música ou ser espectador de esportes ou cinema. No segundo nível, o autor colocou as atividades que requerem uma participação emocional, seja qualquer das anteriores ou as que se relacionam a assistir a representações ao vivo: teatro, dança, ópera etc. Nesse caso, continuava-se com a ausência de atividade física, mas acrescentava-se a implicação afetiva. No terceiro nível, Nash situou a participação em práticas de ócio ativo, dessa vez entendido como atividade física. Aqui ele considera as práticas esportivas e culturais, como pintar, tocar um instrumento ou outras que tenham participação voluntária. Qualquer experiência de ócio que inclua esforço físico e mental faria parte dessa categoria. Finalmente, o autor destinou o nível mais alto de valor à criatividade. Nele, situou práticas relacionadas com o trabalho artístico, a invenção ou a composição em geral, seja aplicada ao mundo do jogo ou a qualquer outro âmbito do ócio considerado criativo.

Seligman opta por um caminho muito diferente e se concentra na felicidade, algo realizável a partir da identificação e do cultivo das forças mais importantes da pessoa e seu uso cotidiano. Para ele, a felicidade não é uma competição; ela provém da elevação de seu próprio nível sem que haja comparação com os outros. É o que comentamos em vários capítulos ao nos referirmos à espiral ascendente. Os estudos empíricos realizados pela psicologia positiva afirmam que as pessoas que experimentam sentimentos positivos modificam suas formas de pensamento e ação, favorecendo um maior domínio diante dos desafios e gerando maior emotividade positiva, que redunda em novos desenvolvimentos. Isso é fácil de conseguir a partir do ócio valioso e suas experiências positivas. Graças a elas, as pessoas podem desenvolver suas potencialidades e cultivar suas principais forças na vida cotidiana.

Quis lembrar esses dois autores porque o que vem adiante tem algo a ver com as propostas deles. Os parágrafos seguintes pretendem ser pautas que favoreçam o reconhecimento do ócio valioso. Elas também podem ser utilizadas como referentes objetivos de diferentes graus de valor, para além da realização de um tipo de ócio concreto. Começamos destacando a importância de uma percepção positiva do ócio e depois seguimos com outras considerações.

Percepção positiva do ócio

Despois do exposto nos primeiros capítulos, basta lembrar aqui que só podemos falar de ócio valioso na medida em que as pessoas ou as comunidades estejam conscientes de sua existência. A tomada de consciência do valor do ócio aparece em muitas pesquisas como um componente necessário da experiência valiosa. É o primeiro degrau, a primeira condição que antecede a decisão de participar de atividades de ócio valioso, e algo prévio ao repertório de ócio satisfatório, diverso e rico.

Nos capítulos precedentes, pôde-se ver que as experiências preferenciais ou os benefícios percebidos pelas pessoas refletem uma visão muito positiva do ócio e da função que ele desempenha na vida daquelas que o realizam. Os estudos que relacionam as experiências de ócio com a melhora da saúde constatam que essa percepção positiva tem um efeito benéfico de caráter psicológico. Ninguém pode pensar que o ócio melhora sua saúde se considerar que ele é algo sem importância ou se desconhecer suas potencialidades de valor. Para que se produza uma experiência de ócio, requer-se que o sujeito tenha uma interpretação dela orientada para o interior, que se descubra desfrutando da experiência. É possível que isso aconteça quando não se parte de uma percepção inicial positiva do ócio?

Barnett[132] considera que a consciência do valor do ócio é um dos quatro elementos que nos permitem medir a qualidade dessa experiência. Junto a ela, o outro fator que dá sentido às experiências de ócio é o desafio. Sua importância se torna patente por ser um aspecto especial da motivação intrínseca do ócio valioso. Kleiber, Larson e Csikszentmihalyi[133] descobriram que a intensidade do desafio nas atividades de ócio é maior que nas atividades

[132] Barnett, 2005.

[133] Kleiber, Larson e Csikszentmihalyi, 1986.

produtivas e de manutenção. Isso se deve, em boa medida, ao fato de serem atividades intrinsecamente motivadas. A motivação intrínseca é um aspecto essencial para a participação nas experiências de ócio. Sabe-se que, quando se mantém uma motivação intrínseca alta em atividades de ócio desafiadoras, habitualmente se gera um estilo de vida ativo e altos níveis de satisfação.

Mannell e Kleiber[134] chegaram a afirmar que os tipos de atividades de ócio que persistem ao longo das etapas da vida são aqueles que apresentam alguns níveis de desafio proporcionais ao crescente nível de habilidade individual.

Solidão ou companhia?

O ócio valioso é uma experiência possível tanto na solidão como em companhia. O primeiro caso ocorre mais entre as experiências criativas e culturais; o segundo é mais habitual entre as vivências lúdicas, festivas ou solidárias. As amizades, o casal e os membros da família (especialmente os filhos) têm uma repercussão muito significativa no ócio que desenvolvemos. Isso indica que as práticas satisfatórias de ócio ganham importância quando são compartilhadas. Ainda assim, o ócio também é vivido satisfatoriamente na solidão. Os diversos tipos de ócio que diferenciamos nos permitem matizar essas afirmações e nos fazem ver que qualquer processo experiencial de ócio valioso tem momentos de solidão e momentos compartilhados, e por isso ambos são complementares e os dois repercutem no aumento de interesse dos praticantes.

Acaba sendo óbvio afirmar que a festa é uma experiência necessariamente compartilhada, enquanto, ao contrário, ler, escrever ou compor música são experiências habitualmente vividas na solidão. As amizades repercutem especialmente nas práticas lúdicas e ambiental-ecológicas, um tipo de ócio no qual o casal adquire especial relevância. O gosto pela solidão vai aumentando com a idade: meu registro de dados mostra que aumenta até os 64 anos, decrescendo depois. As amizades têm momentos culminantes na juventude e na terceira idade.

Envolvimento ativo

Considerando o esclarecimento de conceitos que vem sendo feito ao longo do livro, entendo que é desnecessário especificar com muitos detalhes a

[134] Mannell e Kleiber, 1997.

diferença entre um ócio passivo e um ócio ativo. Lembremos, no entanto, que identifiquei como ócio passivo as práticas realizadas para "passar o tempo", com um mínimo nível de envolvimento emocional e físico. Desse ponto de vista, o ócio passivo se relaciona com o "espectadorismo" e o consumo, caracterizados pela inatividade mental. Ainda assim, o ócio passivo pode ser positivo e ter alguns efeitos benéficos. Também pode ser um meio de evitar a prática de outros ócios nocivos ou, de outro ponto de vista, ser a ocasião de se abrir à curiosidade e ao desejo, pontos de partida de ócios mais positivos.

Em relação ao ócio ativo, gostaria de lembrar que me refiro às práticas nas quais os sujeitos se envolvem física e mentalmente. É difícil pensar em experiências que não tenham uma relação psicossomática com nosso ser físico e mental. Convém lembrar, portanto, que a prática de ócio ativo não se manifesta necessariamente como uma atividade observável, mas sim uma atividade física ou mental na qual o indivíduo se envolve e que o faz sentir-se protagonista. As experiências desse tipo são as que dão origem aos benefícios positivos comentados.

Um ócio substancial

A denominação "ócio substancial" foi utilizada para aludir às práticas de ócio consolidado mantidas no tempo, pelo que chegam a ser uma expressão de nossa personalidade. Esse conceito permite separar as experiências de ócio ocasional ou esporádico daquelas outras que nos remetem a um diálogo de superação e aprofundamento, aberto a sucessivos níveis de especialização e desenvolvimento. Essa categoria corresponde também à denominação de ócio sério. Não considero necessário que o ócio substancial corresponda a todos os condicionamentos que se atribuem ao ócio sério, embora seja importante a reiteração das práticas e sua relação com o valor da autossuperação. O ócio substancial permite experimentar vivências que só são possíveis nos primeiros graus de iniciação.

Ócio integral

A experiência de ócio valioso tem um caráter integral. Utilizei essa denominação para mostrar que toda experiência valiosa está integrada aos valores de quem a experimenta. Também mostrei que a experiência de ócio valioso se produz em maior medida quando se tem consciência tanto do valor positivo de sua vivência quanto dos resultados satisfatórios e benéficos que proporciona. Essa consciência do valor do ócio repercute na realização das ações prazerosas, dando-lhes um caráter integral, físico e psicossomático, que afeta a pessoa como ser. O caráter integral do ócio se manifesta de diferentes modos e se torna realidade por meio de tipologias muito diferentes que se entrecruzam, desvanecendo seus limites. Desse ponto de vista, pode-se falar de um ócio integral mais valioso que outro, na medida em que se relacione com um maior número de tipologias de ócio e facilite o desenvolvimento de mais capacidades. O valor do ócio aumenta quando as experiências são psicologicamente mais complexas. Qualquer experiência substancial de ócio se enriquece quando toma elementos próprios de dimensões diferentes daquelas em que habitualmente se desenvolve.

Em outras palavras, pode-se dizer que o ócio de uma pessoa, ou de uma comunidade, é mais integral na medida em que se realiza por meio de experiências valiosas de ócio lúdico, esportivo, criativo, cultural, festivo, ambiental-ecológico ou solidário. Em um sentido mais restrito e profundo, é possível afirmar que uma experiência de ócio valioso se torna mais integral na medida em que se abre a experiências que transcendem sua própria tipologia específica e proporciona vivências de outras dimensões do ócio. Vejamos algo mais concreto como exemplo. Uma experiência de ócio valioso lúdico alcançará um maior potencial de desenvolvimento e satisfação à medida que tem acesso a vivências criativas, festivas, ambiental-ecológicas ou solidárias. Isso é possível em qualquer caso e com qualquer tipologia. A vivência de um ócio integral nos abre para outras experiências complexas que favorecem o sair de si mesmo e o encontro com os demais.

Um ócio ético

O ócio ético, a que aludimos em outras ocasiões, não pode se concentrar no indivíduo ensimesmado; deve ser aberto, atingir os demais. Um ócio compartilhado e ético, como indicador de valor do ócio valioso, tem a ver com o desenvolvimento de atitudes e o respeito à dignidade das pessoas. Qualquer valor deixará de ser ético se utilizar o outro como meio, se não partir da base de que a outra pessoa é valiosa em si mesma. Isso é algo fundamental na nossa ação humana, e, claro, tem que ser o ponto de partida do ócio valioso. Sua prática se caracteriza por levar adiante experiências concretas compartilhadas e respeitosas com o meio, comprometidas com as circunstâncias sociais e defensoras do direito dos demais ao ócio.

Não se entende um ócio como ético se ele não é sustentável e inclusivo. Uma atividade de ócio livremente escolhida pode melhorar ou danificar o ambiente natural, patrimonial ou cultural do qual fazemos parte. Um acampamento em pleno bosque, por exemplo, pode ser a origem de um incêndio que venha a destruir os recursos naturais de uma área; o excesso de turistas em um monumento histórico pode ser causa de sua deterioração indesejada etc. Algumas condutas ocasionadas pelas práticas de ócio parecem daninhas em si mesmas, do mesmo modo que outras atividades ou estilos de ócio podem ser considerados moralmente "melhores". Refletir sobre as consequências das práticas de ócio facilita orientar nossos desejos individuais em direção ao benefício coletivo.

Conhecimento

O ócio valioso está relacionado com o conhecimento. Todas as propostas que são feitas partem dele e nos convidam a nos aprofundar nas inter-relações entre as experiências de ócio e suas consequências físicas, mentais, sociais ou culturais. O conhecimento em geral e o conhecimento do ócio em particular importam porque fazem parte do mundo em que vivemos, ainda que não estejamos familiarizados com os conhecimentos científicos sobre o ócio ou adquiridos por meio dele. A aposentadoria nos oferece a oportunidade de aumentar nosso conhecimento sobre os temas e fazer do conhecimento um âmbito de desfrute. Isso é algo que deveríamos recuperar do ócio clássico, que, como sabiamente escreveu Aristóteles, estava concentrado na realização humana: beleza, vivência ética, atividade dedicada à pesquisa e conhecimento.

Últimas palavras

A síntese precedente mostra que é possível viver experiências com referências de valor em qualquer dos tipos de ócio sobre os quais refletimos e em muitos outros possíveis. Não importa tanto se as experiências têm caráter lúdico, criativo, festivo ou solidário; qualquer uma permite acesso a vivências com diferentes graus de intensidade e valor. O ócio valioso proporciona uma forma de pensar, contemplar e atuar no mundo, ao mesmo tempo que permite desconectar temporariamente da realidade e abrir-nos a outras possibilidades. O adulto idoso tem a opção de transitar pelas diferentes etapas de seu desenvolvimento e colaborar na sustentação de sua autonomia, de seu sentimento de autoestima e de seu valor. Manter a integridade do "eu" na velhice não é tarefa simples. Também não é fácil envelhecer com um sentimento renovado de si mesmo, sabendo o que falta fazer e ser, experimentando e aprendendo até o final.

O ócio valioso se refere a vivências pessoais, mas também é possível aplicar esses conceitos a abordagens sociais e comunitárias. Em ambos os casos, torna-se realidade quando as circunstâncias subjetivas e objetivas se integram em uma unidade de significado. O ócio valioso desenvolve nosso potencial criativo e humano sobre uma base digna, encontrando o equilíbrio entre a própria satisfação e o respeito à dignidade dos demais. A vida é sempre algo inacabado que reclama sentido e significação, algo para o qual o ócio valioso pode contribuir. Vamos colocá-lo em prática?

Referências bibliográficas

ABELLÁN, A. *A propósito de las condiciones de vida de las personas mayores*. Pesquisa, 2006. Madrid: Ministerio de Trabajo y Asuntos Sociales; Instituto de Mayores y Servicios Sociales, 2007.

ADAMS, K. B.; **LEIBBRANDT**, S.; **MOON**, H. "A critical review of the literature on social and leisure activity and wellbeing in later life". *Ageing & Society*, v. 31, 2011, pp. 683-712.

AMIGO, M. L. *El arte como vivencia de ocio*. Bilbao: Universidad de Deusto, 2000.

______. *Ocio estético valioso*. Bilbao: Universidad de Deusto, 2014. [Trad. Rubia Goldoni. *Ócio estético valioso*. São Paulo: Edições Sesc São Paulo, 2018.]

______; **CUENCA AMIGO**, M. "Orientaciones para favorecer el disfrute de la cultura: reflexiones desde los Estudios de Ocio". *Revista de Humanidades*, Universidade de Fortaleza, 2012, v. 27, n. 2, pp. 346-58.

ARÍSTEGUI, I.; **SILVESTRE**, M. "El ocio como valor en la sociedad actual". *Arbor*, v. 188, n. 754, mar.-abr. 2012, pp. 283-91.

ARISTÓTELES. *Ética nicomáquea* e *Ética eudemia*. Madrid: Gredos, 1993.

BARNETT, L. "Measuring the ABCs of Leisure Experience: Awareness, Boredom, Challenge, Distress". *Leisure Sciences: An Interdisciplinary Journal*, v. 27, n. 2, 2005, pp. 131-55.

BAUMAN, Z. *Modernidad líquida*. Buenos Aires: Fondo de Cultura Económica, 1999.

BROWN, C. A.; **MCGUIRE**, F. A.; **VOELKL**, J. "The link between successful aging and serious leisure". *International Journal of Aging & Human Development*, v. 66, n. 1, 2008, pp. 73-95.

BRYAN, H. "Conflict in the great outdoors". *Sociological Studies*, University of Alabama, Bureau of Public Administration, n. 4, 1979.

CAILLOIS, R. *Los juegos y los hombres: las máscaras y el vértigo*. México: Fondo de Cultura Económica, 1986.

CARSTENSEN, L. L.; **MIKELS**, J. A. "At the Intersection of Emotion and Cognition: Aging and the Positivity Effect". *Psychological Science*, n. 14, jun. 2005, pp. 117-121.

______; **MIKELS** J. A.; **MATHER**, M. "Aging and the intersection of cognition, motivation, and emotion". Em: Birren, J.; Schaie, K. W. (org.). *Handbook of the Psychology of Aging*. 6. ed. San Diego: Academic Press, 2006.

CASTILLA DEL PINO, C. *Teoría de los sentimientos*. Barcelona: Tusquets Editores, 2000.

CENTRO de Investigaciones Sociológicas (CIS). *Barómetro*, 2009. Disponível em: <http://www.cis.es/cis/opencm/ES/1_encuestas/estudios/listaEstudiosYear.jsp?year=2009>.

COMISSÃO Econômica das Nações Unidas para a Europa (Unece). *Índice de Envejecimiento Activo* (*Active Ageing Index*), elaborado na época da celebração do X Aniversario de la Segunda Asamblea Mundial del Envejecimiento de Madri e do Año Europeo del Envejecimiento Activo y la Solidaridad entre las Generaciones. 2012. Disponível em: <https://statswiki.unece.org/display/AAI/Active+Ageing+Index+Home>.

COMISSÃO Europeia. "Active Ageing". *Special Eurobarometer*, 378. Luxembourg, European Commission. 2012. Disponível em: <http://ec.europa. eu/public_opinion/archives/ebs/ebs_378_en.pdf>. Acesso em: 7 nov. 2014.

CONSELHO da União Europeia. *Conclusiones del Consejo sobre envejecimiento digno y saludable*. 2009. Disponível em: <http://ec.europa.eu/health/ageing>.

______. *Declaración del Consejo sobre el Año Europeo del Envejecimiento Activo y de la Solidaridad Intergeneracional: estrategia futura*. 2012. Disponível em: <http://ec.europa.eu/health/ageing/docs/council_ccl_2012_c396-02_es.pdf>.

COTTA, A. *La société ludique: la vie envahie par le jeu*. Paris: Bernard Grasset, 1980.

CSIKSZENTMIHALYI, M. *Experiencia óptima: estudios psicológicos del flujo de la conciencia*. Bilbao: Desclée De Brouwer, 1998.

______. "Ocio y creatividad en el desarrollo humano". Em: Csikszentmihalyi, M. *et alii. Ocio y desarrollo: potencialidades del ocio para el desarrollo humano*. Bilbao: Universidad de Deusto, 2001, pp. 17-32.

CUENCA AMIGO, J. *El valor de la experiencia de ocio en la modernidad tardía: génesis y condiciones de posibilidad*. Bilbao: Universidad de Deusto, 2012.

______; **MONTEAGUDO**, M. J.; **BAYÓN**, F. *La contribución del ocio al envejecimiento satisfactorio de las personas mayores en Bizkaia*. Bilbao: Instituto de Estudios de Ocio; Diputación Foral de Bizkaia, 2012. Disponível em: <http://www.bizkailab.deusto.es/wp-content/uploads/2013/06/La-contribución-del-ocio-al-envejecimiento-satisfactorio-de-las-personas-mayores-en-Bizkaia.pdf>. Acesso em: 31 jul. 2018.

______ *et alii*. "The influence of meaningful leisure on the subjective well-being of older adults in the Basque Country in the Northern Spain". *World Leisure Journal*, v. 56, n. 2, 2014, pp.120-9.

CUENCA CABEZA, M. *Educación para el ocio: actividades escolares*. Barcelona: Cincel-Kapelusz, 1984.

______. "Mensaje de las fiestas escolares en el umbral de la pedagogía tradicional". *Letras de Deusto*, v. 17, n. 38, ago. 1987, pp. 63-89.

______. "Ocio y futuro: del Homo ludens al Homo festus". *Letras de Deusto*. Bilbao: Universidad de Deusto, v. 23, n. 59, 1993, pp. 23-69.

______. "La fiesta, realidad de ocio: elementos de análisis y reflexión". *Letras de Deusto*. Bilbao: Universidad de Deusto, jun. 1994.

______. "El ocio como ámbito educativo: reflexiones desde el deporte". *Educación Física e Deporte no século XXI*. VI Congreso Galego de Educación Física. A Coruña: Universidad da Coruña, v. II, 1998, pp. 185-203.

______. *Ocio humanista: dimensiones y manifestaciones actuales del ocio*. Bilbao: Instituto de Estudios de Ocio; Universidad de Deusto, 2000a.

______. *Ideas prácticas para la educación del ocio: fiestas y clubes*. Bilbao: Universidad de Deusto, 2000b.

______. "Fiesta y juego en el desarrollo humano". Em: Csikszentmihalyi *et alii*. *Ocio y desarrollo: potencialidades del ocio para el desarrollo humano*. Bilbao: Universidad de Deusto, 2001, pp. 55-103.

______. "Un ocio digno, solidario". *Humanismo y valores*. Bilbao: Universidad de Deusto, 2003, pp. 483-514.

______. *Pedagogía del ocio: modelos y propuestas*. Bilbao: Universidad de Deusto, 2004.

______. *Ocio solidario: la experiencia en grupos de jóvenes y jubilados*. Bilbao: Instituto de Estudios de Ocio; Universidad de Deusto, 2005.

______. "Aproximación a las experiencias culturales desde los planteamientos del ocio humanista: pautas para una profundización cualitativa". *Nuevos desafíos de los observatorios culturales*. Bilbao: Universidad de Deusto, 2011, pp. 19-48.

______. *Ocio valioso*. Bilbao: Universidad de Deusto, 2014a.

______. "Aproximação do ócio valioso". *Revista Brasileira de Estudos do Lazer*, n. 1, 2014b, pp. 21-41.

______. "Ocio y recreación para el empoderamiento de la ciudadanía". Em: Lema, R.; Monteagudo, M. J. (org.). *Espacios de ocio y recreación para la construcción de ciudadanía*. Bilbao: Instituto de Estudios de Ocio; Universidad de Deusto, 2016, pp. 25-42.

______; **CUENCA AMIGO**, M. "O encontro entre o ócio e a cultura: reflexões sobre o ócio criativo desde a investigação empírica". Em: Baptista, M. M.; Ventura, A. (org.). *Do ócio: debates no contexto cultural contemporâneo*. Coimbra: Grácio Editor, 2014, pp.11-32.

CUESTA CIFUENTES, I. "Superancianos". *Diario Montañés*, Santander, 8 maio 2017. Disponível em: <http://www.eldiariomontanes.es/sociedad/201701/27/superancianos-20170127180916.html>. Acesso em: 23 jul. 2018.

DE GRAZIA, S. *Tiempo, trabajo y ocio*. Madrid: Tecnos, 1966.

DRIVER, B. L.; **BRUNS**, D. H. "Concepts and uses of the benefits approach to leisure". Em: Jackson, E. L.; Burton, T. L. *Leisure studies: prospects for the 21st century*. London: Venture, 1999.

ELIAS, N.; **DUNMING**, E. "El ocio en el espectro del tiempo libre". Em: Elias, N.; Dunming, E. (org.). *Deporte y ocio en el proceso de civilización*. Madrid: Fondo de Cultura Económica, 1992, pp.116-56.

EUSTAT [Euskal Estatistika Erakundea]. *Dos décadas de cambio social en la C. A. de Euskadi a través del uso del tiempo: encuesta de Presupuestos de Tiempo,*

1993-2013. Vitoria-Gasteiz, Espanha: Euskal Estatistika Erakundea (Instituto Basco de Estatística), 2015.

______. *Ocio activo: deportes y actividades ligadas al ordenador personal e Internet*. Disponível em: <http://www.eustat.eus/documentos/opt_0/tema_173/elem_3238/definicion.html>. Acesso em: 23 jul. 2017.

FARIÑAS, Diego R. *Una vejez activa en España*. Informe do Grupo de Población del CSIC. 2012. Madrid: Edimsa. Disponível em: <http://digital.csic.es/bitstream/10261/69327/1/2012VejezActiva.pdf>. Acesso em: 23 jul. 2018.

FERNÁNDEZ-BALLESTEROS, R. "Positive ageing: objective, subjective, and combined outcomes". *E-Journal of Applied Psychology*, v. 7, n. 1, 2011, pp. 22-30.

______ *et alii*. "Envejecimiento con éxito: criterios predictores". *Psicothema*, v. 22, n. 4, 2010, pp. 641-7.

______ *et alii*. "Envejecimiento activo y participación en actividades de ocio entre adultos mayores residentes en comunidad y en institución". Em: Monteagudo, M. J., Cuenca Amigo, J.; San Salvador del Valle, R. (org.). *Aportaciones del ocio al envejecimiento satisfactorio*. Bilbao: Instituto de Estudios de Ocio; Universidad de Deusto, 2014, pp. 39-66.

FRAGUELA, R. *et alii*. *Deporte y ocio: nuevas perspectivas para la acción socioeducativa*. Bilbao: Universidad de Deusto, 2009.

FRATIGLIONI, L.; **PAILLARD-BORG**, S.; **WINBLAD**, B. "An active and socially integrated lifestyle in late life might protect against dementia". *Lancet Neurology*, v. 3, 2004, pp. 343-53.

FREDRICKSON, B. "The role of positive emotions in positive psychology: the broaden and build theory of positive emotions". *American Psychologist*, v. 56, 2001, pp. 218-26.

______. "The value of positive emotions". *American Scientist*, 91, 2003, pp. 330-5.

GARCÍA HOZ, V. *Principios de pedagogía sistemática*. Madrid: Rialp, 1968.

GARDNER, H. *Educación artística y desarrollo humano*. Barcelona: Paidós, 1994.

______. *Inteligencias múltiples: la teoría en la práctica*. Barcelona: Paidós, 1995.

______. *Mentes flexibles: el arte y la ciencia de saber cambiar nuestra opinión y la de los demás*. Barcelona: Paidós, 2011.

GOBIERNO VASCO (GV). Departamento de Empleo y Asuntos Sociales, Fundación EDE. *Estudio sobre voluntariado en la CAPV: cuantificación y caracterización 2012*. Vitoria-Gasteiz: Eusko Jaurlaritza (governo basco), 2012.

GUTIÉRREZ RESA, A. *El voluntariado y su incidencia en los mayores*. Madrid: Ministerio de Educación, 2000.

HEINEMANN, K. "Deporte, salud y desarrollo humano". Em: Monteagudo, M. J.; Puig, N. (org.). *Ocio y deporte: un análisis multidisciplinar*. Bilbao: Universidad de Deusto, 2004, pp. 23-44.

HUIZINGA, J. *Homo ludens*. Madrid: Alianza, 1987.

INSTITUTO de Mayores y Servicios Sociales (Imserso). *Informe sobre el desarrollo humano*. Madrid: Programa de las Naciones Unidas para el Desarrollo, Ediciones Mundi-Prensa, 1998.

______. *Informe 2008: las Personas Mayores en España*. Madrid: Ministerio de Sanidad, Servicios Sociales e Igualdad; Secretaría de Estado de Servicios Sociales e Igualdad; Instituto de Mayores y Servicios Sociales, 2009.

______. *Las Personas Mayores en España: datos estadísticos estatales y por Comunidades Autónomas*. Madrid: Ministerio de Sanidad, Servicios Sociales e Igualdad; Secretaría de Estado de Servicios Sociales e Igualdad; Instituto de Mayores y Servicios Sociales, 2010. Disponível em: http://ibdigital.uib.es/greenstone/collect/portal_social/index/assoc/msan0206.dir/msan0206.pdf. Acesso em: 23 jul. 2018.

______. *Libro blanco: envejecimiento activo*. Madrid: Ministerio de Sanidad, Política Social e Igualdad; Secretaría General de Política Social y Consumo; Instituto de Mayores y Servicios Sociales, 2011.

INTERNATIONAL Longevity Centre Brazil. *Active Ageing: A Policy Framework in Response to the Longevity Revolution*. 2015. Disponível em: <http://ilcbrazil.org/publications/>.

JENSEN, R. *Outdoor Recreation in America*. Champaign: Human Kinetics, 1995.

KALACHE, A. *The Longevity Revolution: Creating a Society for All Ages*. Adelaide Thinker in Residence 2012–2013. Report. Adelaide: Government of South Australia, 2013. Disponível em: <http://www.flinders.edu.au/sabs/fcas-files/Publications/The%20Longevity%20Revolution.pdf>. Acesso em: 23 jul. 2018.

KANT, E. *Crítica de la razón práctica*. Buenos Aires: Losada, 1968.

KAPLAN, S.; **KAPLAN**, R. *The Experience of Nature*. Cambridge, United States: University of Cambridge, 1989.

KLEIBER, D. A. *Leisure Experience and Human Development: a Dialectical Interpretation*. New York: Basic Books, 1999.

______. "Implicaciones del compromiso y la separación como experiencias de ocio relativas al desarrollo humano". Em: Cuenca Cabeza, M. (org.), *Ocio y desarrollo humano, propuestas para el VI Congreso Mundial de Ocio*. Bilbao: Universidad de Deusto, 2000, pp. 65-74.

______. "Reflexiones sobre la etiología del interés duradero". *Boletín Adoz*. Bilbao: Instituto de Estudios de Ocio; Universidad de Deusto, 2004, n. 28, pp. 39-41.

______. "Optimizing leisure experience after 40". *Arbor*-CSIC, Madrid: CSIC, v. 188, mar.-abr. 2012, pp. 341-9.

______; **LARSON**, L.; **CSIKSZENTMIHALYI**, M. "The experience of leisure in adolescence". *Journal of Leisure Research*, n. 18, 1986, pp. 169-76.

______; **WALKER**, G. J.; **MANNELL**, R. C. *A Social Psychology of Leisure*. State College: Venture Publishing, 2011.

KRIEKEMANS, A. "La educación del empleo de los ocios". *Pedagogía General*, Barcelona: Herder, 1973, pp. 516-47.

KUNKEL, J. G. "Project-and group-based learning of junior writing in biology: in pathways to change". Em: D'Avanzo, C.; Yuretich, R. (org.). *Journal of Mathematics and Science*: Collaborative Explorations, n. 4, 2001, pp. 25-42.

LAÍN ENTRALGO, P. "El ocio y la fiesta en el pensamiento actual". *Ocio y Trabajo*, Madrid: Revista de Occidente, 1960.

LAZCANO QUINTANA, I. *El asociacionismo cultural en la sociedad del siglo XXI: un espacio para la vivencia de experiencias de ocio*. Tese (doutorado em ciência política) – Universidad de Deusto. Bilbao: 2012.

______; **MADARIAGA ORTÚZAR**, A.; **DOISTUA NEBREDA**, J. "El envejecimiento activo y su incidencia en la experiencia de ocio". *ADOZ. Revista de Estudios de Ocio*, 2010, n. 33, pp. 117-47.

LEHR, V. *Psicología de la senectud*. Barcelona: Herder, 1985.

LEITNER, M. J.; **LEITNER**, S. F. *Leisure in Later Life*. Urbana: Sagamore, 2012.

LÓPEZ PAZ, J. F. "Claves y aportaciones del ocio para el reconocimiento de la participación del mayor en una sociedad occidental contemporánea". Em: Monteagudo, M. J.; Cuenca Amigo, J.; San Salvador del Valle, R. (org.). *Aportaciones del ocio al envejecimiento satisfactorio*. Bilbao: Universidad de Deusto, 2014, pp. 85-104.

LÓPEZ QUINTÁS, A. *Estética de la creatividad: juego, arte, literatura*. Madrid: Ediciones Rialp, 1998.

______. "Tiempo de ocio, tiempo de creatividad". Em: Cuenca, M. (org.). *Ocio y desarrollo humano*. Bilbao: Universidad de Deusto; World Leisure, 2000, pp. 85-91.

MAGRIS, C. L. *El infinito viajar*. Barcelona: Anagrama, 2008.

MANNELL, R. C.; **KLEIBER**, D. A. *A social psychology of leisure*. State College: Venture Press, 1997.

MÁRQUEZ-GONZÁLEZ, M. "Emociones y envejecimiento". Madrid, Portal Mayores. 2008. *Informes Portal Mayores*, n. 84. Lecciones de Gerontología, XVI (14 maio 2008). Disponível em: <http://www.imsersomayores.csic.es/documentos/documentos/marquezemociones-01.pdf>.

MASLOW, A. *El hombre autorrealizado: hacia una psicología del ser*. Barcelona: Kairós, 1993.

MINISTERIO de Educación, Cultura y Deporte (MECD). *Encuesta de hábitos y prácticas culturales en España 2014-2015*. Madrid: Subdirección General de Documentación y Publicaciones, 2015. Disponível em: <https://www.mecd.gob.es/servicios-al-ciudadano/estadisticas/cultura/mc/ehc/2014-2015/presentacion.html>. Acesso em: 4 abr. 2017.

MONTEAGUDO, M. J. "Los beneficios del ocio". *Boletín Adoz*, Bilbao: Instituto de Estudios de Ocio; Universidad de Deusto, n. 28, 2004, pp. 63-72.

______; **CUENCA AMIGO**, J.; **BAYÓN**, F. "Ocio experiencial valioso para un envejecimiento satisfactorio: una mirada cualitativa". Em: Monteagudo, M. J., Cuenca Amigo, J.; San Salvador del Valle, R. (org.). *Aportaciones del ocio al envejecimiento satisfactorio*. Bilbao: Instituto de Estudios de Ocio; Universidad de Deusto, 2014, pp. 67-84.

______; **CUENCA AMIGO**, J.; **SAN SALVADOR DEL VALLE**, R. (org.). *Aportaciones del ocio al envejecimiento satisfactorio*. Bilbao: Instituto de Estudios de Ocio; Universidad de Deusto, 2014.

______; **PUIG**, N. (org.). *Ocio y deporte: un análisis multidisciplinar*. Bilbao: Universidad de Deusto, 2000.

MURAKAMI, H. *De qué hablo cuando hablo de correr*. Barcelona: Tusquets Editores, 2010. [Trad. Cássio de Arantes Leite. *Do que eu falo quando eu falo de corrida*. São Paulo: Alfaguara, 2010.]

NASH, J. B. *The Philosophy of Recreation and Leisure*. Dubuque: William C. Brown, 1953, 1960.

OPOASCHOWSKI, H. *Psychologie und Soziologie der Freizeit*. Opladen: Leske; Budrich, 1988.

ORGANIZAÇÃO das Nações Unidas (ONU). *Informe sobre el estado del voluntariado en el mundo 2011*. Elaborado pelo PNUD, Programa das Nações Unidas para o Desenvolvimento, 2011. Disponível em: <http://www.undp.org/content/undp/es/home/librarypage/ capacity-building/Volunteerism_Report_2011.html>.

ORGANIZAÇÃO Mundial da Saúde (OMS). "Envejecimiento activo: un marco político". *Revista Española de Geriatría y Gerontología*, v. 37, supl. 2, ago. 2002, pp. 74-105.

PÉREZ ORTIZ, L. *La estructura social de la vejez en España*. Madrid: Instituto de Mayores y Servicios Sociales, 2006.

PETERSON, C. A.; **GUNN**, S. L. *Therapeutic Recreation Program Design: Principles and Procedures*. Englewood Cliffs: Prentice Hall, 1984.

PIEPER, J. *Una teoría de la fiesta*. Madrid: Rialp, 1984.

PROGRAMA de Voluntários das Nações Unidas (VNU). *V Informe sobre el estado del voluntariado en el mundo. Valores universales para alcanzar el bienestar mundial*. Dinamarca: Phoenix Design Aid, 2011. Disponível em: <https://unp.un.org/>.

PUGA GONZÁLEZ, M. D.; **ABELLÁN GARCÍA**, A. "Las escalas territoriales del envejecimiento". *Semata: Ciencias Sociais e Humanidades*, n. 18, 2007, pp. 121-41.

REQUEJO, A. "Animación sociocultural en la tercera edad". Em: Trilla, J. (org.). *Animación sociocultural: teorías, programas y ámbitos*. Barcelona: Ariel, 1997.

RIED, A. *El ocio al aire libre en contacto con la naturaleza: significados y vínculos con los lugares y la naturaleza*. Tese (doutorado em ócio e potencial humano). Universidad de Deusto, Bilbao, 2012.

RODRÍGUEZ, M. I. G. *Libro blanco del envejecimiento activo*. Sevilla: Junta de Andalucía, 2010.

RUIZ OLABUÉNAGA, J. I. "La ciudadanía del ocio". Em: Equipo de Investigación Interdisciplinar en Ocio. *El ocio en el Área Metropolitana de Bilbao*. Bilbao: Universidad de Deusto, 1992, pp. 11-88.

SÁNCHEZ, C.; **TRIANES**, M. V.; **BLANCA**, M. J. "Estereotipos negativos hacia la vejez y su relación con variables sociodemográficas en personas mayores de 65 años". *Revista Española de Geriatría y Gerontología*, v. 44, n. 2, 2009, pp. 124-9.

SANTISTEBAN, P. *Tercera edad y ocio institucional*. Bilbao: Universidad de Deusto; Instituto de Estudios de Ocio, 1992.

SCHILLER, F. *Cartas sobre la educación estética del hombre*. Madrid: Aguilar, 1963.

SEGURA, S.; **CUENCA**, M. *El ocio en la Grecia clásica*. Bilbao: Universidad de Deusto, 2007.

SELIGMAN, M. E. P. *La auténtica felicidad*. Barcelona: Vergara, 2003.

SÊNECA, L. A. *Epístolas morales a Lucilio*. Barcelona: Gredos, 2001.

SMITH WEINBERG, R. *Fundamentos de psicología del deporte y del ejercicio físico*. Madrid: Ed. Médica Panamericana, 2010.

STEBBINS, R. A. *Amateurs, Professionals, and Serious Leisure*. Montreal: McGill-Queen's University Press, 1992.

______. "The liberal arts hobbies: a neglected subtype of serious leisure". *Loisir et Société/Society and Leisure*, n. 16, 1994, pp. 173-86.

______. "Un estilo de vida óptimo de ocio: combinar ocio serio y casual en la búsqueda del bienestar personas". Em: Cuenca, M. (org.). *Ocio y desarrollo humano*. Bilbao: Instituto de Estudios de Ocio; World Leisure, 2000.

______. "Ocio serio: ¿debemos fomentarlo?". *Boletín Adoz*, Instituto de Estudios de Ocio, Universidad de Deusto, n. 28, 2004, pp. 47-50.

TAKAHASHI, J. *El método japonés para vivir 100 años*. Barcelona: Planeta, 2017.

TAYLOR, S. E. "Asymmetrical effects of positive and negative events: the mobilization-minimization hypothesis". *Psychological Bulletin*, n. 110, 1991, pp. 67-85.

TINSLEY, H. E. A. "Los beneficios del ocio". *Boletín Adoz*, Instituto de Estudios de Ocio, Universidad de Deusto, n. 28, 2004, pp. 55-7.

TOMLINSON, A. "Culture of commitment in leisure: notes towards the understanding of a serious legacy". *World Leisure and Recreation*, 35, n. 1, 1993, pp. 6-9.

TURNER, V. *El proceso ritual*. Madrid: Taurus, 1998.

UNAMUNO, M. "El valor, la razón y la imaginación" e "El buen humor", originariamente publicados na revista *Ilustración Gimnástica*, em 1886, foram resgatados pelo professor Ereño e reeditados na revista *Noticias Universidad de Deusto*, n. 45, 1995, pp. 21-5.

WEINECK, J. *Salud, ejercicio y deporte*. Barcelona: Editorial Paidotribo, 2001.

WEISS, R. S. *The Experience of Retirement*. New York: Cornell University Press, 2005.

WORLD Leisure and Recreation Association [Organização Mundial de Lazer]. *International Charter for Leisure Education*. European Leisure and Recreation Association (ELRA), 1994, pp. 13-6.

Sobre o autor

Manuel Cuenca Cabeza é catedrático emérito da Universidade de Deusto, em Bilbao. Iniciou os estudos de ócio na universidade espanhola ao fundar, em 1988, o Instituto de Estudos de Ócio de Deusto, do qual foi diretor até setembro de 2011. Publicou 32 trabalhos de caráter acadêmico e/ou científico, além de numerosos capítulos de livros e artigos que tratam de pesquisas sobre temas relativos ao ócio.

Pesquisador e conferencista convidado a participar de inúmeros congressos e reuniões científicas da Europa e da América, é o promotor das redes de pesquisas Otium (presente em países ibero-americanos) e OcioGune (Espanha), centradas no estudo do ócio como desenvolvimento humano.

Fonte ITC Century Std
Papel Alta Alvura 75g/m²
Impressão Nywgraf Editora Gráfica
Data agosto de 2018

FSC
www.fsc.org
MISTO
Papel produzido a partir de fontes responsáveis
FSC® C044162